Du Dév

à la Décroissance

DE LA NECESSITE DE SORTIR DE L'IMPASSE SUICIDAIRE DU CAPITALISME

FEDERATION ANARCHISTE

Jean-Pierre TERTRAIS

Janvier 2004

Les éditions du Monde libertaire

ISSN 1159-3482 – ISBN 2-903013-91-8

Editions du *Monde Libertaire* – 145 rue Amelot - 75011 Paris

Introduction

Bénéficiant d'une planète longtemps prodigue de ressources naturelles, et ayant atteint un niveau impressionnant de connaissances scientifiques et de réalisations techniques, l'homme a réussi ce prodigieux tour de force de **compromettre gravement l'avenir des générations futures** ! Alors que nos ancêtres se sont évertués à planter des arbres dont ils savaient qu'ils ne récolteraient pas toujours les fruits, nous sommes, dans un monde où personne ne maîtrise plus rien, en train de programmer le désastre qui accablera nos petits-enfants : voilà l'enjeu !

Alors que beaucoup ne soupçonnent encore ni la nature profonde ni l'ampleur du « développement », cette notion, apparue au lendemain de la Seconde guerre mondiale, touche déjà à sa fin. Et c'est sur ses ruines que certains envisagent de construire une « autre » société. La convergence entre les problèmes nombreux et graves qui se posent depuis plusieurs décennies (problèmes économiques, sociaux, écologiques, culturels, politiques) a en effet conduit à la naissance d'un courant de pensée qui privilégie la critique de cette notion de développement. Jusqu'à présent, la grande majorité des « acteurs » politiques et socio-économiques est restée prisonnière d'un « imaginaire économique » trompeur en ce sens qu'il correspond à une approche purement économique des problèmes. Pour les partisans de l' « après-développement », il s'agit donc de « déconstruire » la pensée économique par une approche globale. Qu'en est-il exactement ? **Esquivant une analyse de classes au profit d'un regard consensuel, la « sortie » du développement ne permet-elle pas à de trop nombreux auteurs de passer sous silence…celle du capitalisme ?**

Je désire prendre contact avec la Fédération Anarchiste

NOM & Prénom ……………………………………………………………………………..
Adresse……………………..……………………………………………………..……...
Téléphone & Email..……………...………………………………………………..……..

Talon à renvoyer au 145, rue Amelot, 75011 Paris

I- Autour des notions de croissance et de développement

En termes de biologie, les deux mots sont synonymes. Le Larousse utilise l'un pour l'autre ; il donne pour définition de la croissance, le « développement progressif d'un être vivant », et il définit le développement par la « croissance des corps organisés ».

Appliquée à l'économie, la notion de développement ne germe pas spontanément, mais apparaît dans la continuité de la colonisation, avec des similitudes et aussi des différences ; les expéditions coloniales étant elles-mêmes inséparables des « découvertes » géographiques, des voyages des explorateurs (serait-il même exagéré de remonter jusqu'à l'invention du feu et la naissance de l'agriculture ? Le processus d'hominisation lui-même ne s'identifie-t-il pas au lent envahissement de la planète par l'homme ?) Ainsi plusieurs facteurs vont se conjuguer au fil des siècles pour aboutir à ce qu'on nomme aujourd'hui la mondialisation : goût de l'aventure, désir de puissance, soif de pouvoir, cupidité, philosophie positiviste, principe d'efficacité, religion du progrès technique, fascination de l'innovation, culte du travail...

L'anthropocentrisme et l'ethnocentrisme vont constituer les deux principaux fondements idéologiques. D'une part, ses capacités cérébrales plus importantes autorisent l'homme, croit-il, à se placer au sommet d'une hiérarchie du vivant. Il est la fin dernière d'un univers qui doit devenir à son service. D'où le profond mépris à l'égard du monde physique et des autres espèces vivantes, et ce vieux fantasme de domestiquer la nature, terrain de manipulations sans limites.

D'autre part, le même fonctionnement hiérarchique se met en place au sein de l'humanité. Par un jugement de valeur purement arbitraire, le seul critère retenu est le niveau de connaissances scientifiques et la maîtrise des techniques… occidentales. Cette pensée occidentale, arrogante, va privilégier, on l'a vu, la seule dimension économique, laquelle réduit la réalité sociale à son aspect matériel, et réduit donc la culture à un « sous-produit » de l'économie. Se propage la croyance que le développement industriel est le seul modèle pour l'avenir de l'humanité. La société occidentale est l'aboutissement nécessaire. Le « tout-économique » est en marche, oubliant déjà que le seul progrès est humain, socio-politique.

La colonisation va s'inscrire dans la sphère du religieux : la cause étant au-dessus de tout soupçon, tous les abus s'en trouvent préalablement excusés. Les conquêtes les plus meurtrières se trouvent légitimées par le devoir d'évangélisation. Même si la brutalité des rapports de forces coexiste avec des sentiments paternalistes, la colonisation est présentée comme une œuvre légitime dans l'intérêt de l'humanité, et surtout pour venir en aide aux peuples « non encore capables de se diriger eux-mêmes dans les conditions particulièrement difficiles du monde moderne » ! ! Puisque tant de richesses existent, pourquoi ne pas en faire bénéficier l'ensemble de l'humanité ?

A- La création du sous-développement

Si la colonisation concernait l'espace européen, le développement, lui, vise l'ensemble de la planète. Après la seconde guerre mondiale, l'urgence est la reconstruction de l'Europe en ruine. D'où le lancement du plan Marshall, le 5 juin 1947, pour venir en aide à l'économie européenne… et fournir des débouchés au gigantesque potentiel de production américain.

La politique étrangère américaine se confirme autour de trois idées : soutien à la nouvelle Organisation des Nations Unies, effort de reconstruction européenne à travers le plan Marshall, création d'une organisation commune de défense (l'OTAN). Mais un quatrième point va ouvrir une perspective bien différente : l'extension aux nations défavorisées de l'aide technique qui fonctionnait déjà pour certains pays d'Amérique latine. C'est le fameux « point IV » du président Truman qui inaugure l'ère du développement.

Voici un extrait du discours présidentiel, prononcé le 20 janvier 1949 : « Quatrièmement, il nous faut lancer un nouveau programme qui soit audacieux et qui mette les avantages de notre avance scientifique et de notre progrès industriel au service de l'amélioration et de la croissance des régions sous-développées. Plus de la moitié des gens de ce monde vivent dans des conditions voisines de la misère. Leur nourriture est insatisfaisante. Ils sont victimes de maladies. Leur vie économique est primitive et stationnaire. Leur pauvreté constitue un handicap et une menace, tant pour eux que pour les régions les plus prospères. Pour la première fois de l'histoire, l'humanité détient les connaissances techniques et pratiques susceptibles de soulager la souffrance de ces gens. »

Les changements contenus dans le discours de Truman ne sont pas seulement d'ordre sémantique. Ils transforment une vision du monde : à la relation hiérarchique colonisateurs/colonisés, se substitue un monde dans lequel les Etats sont égaux en droits. Le développement est présenté comme une « œuvre commune », une « entreprise collective ». **Le développement n'est d'ailleurs même pas un choix, mais la finalité de l'histoire.** Tous les peuples parcourent le même chemin, même s'ils n'avancent pas au même rythme.

Puisqu'il n'y a qu'une voie unique de développement, puisque l'évolution humaine est « unilinéaire », nous sommes, nous Occidentaux, en avance ; le Tiers monde est loin derrière. La différence est dévalorisée et assimilée à un retard. C'est la barbarie contre la civilisation ; l'irrationnel contre le rationnel ; le paresseux contre le travailleur… La grande majorité des économistes adoptera cette conception. Rostow, dans « Les étapes de la croissance économique », écrit : « Le sous-développement est une étape naturelle, nécessaire et antérieure de la croissance économique». C'est aussi ce qu'on enseigne à tous les élèves depuis plusieurs générations, influençant (manipulant ?) durablement l'opinion publique.

Fort de sa « supériorité » morale, l'Occident (et plus particulièrement les Etats-Unis) va donc s'employer à favoriser le « rattrapage » des pays « arriérés », c'est-à-dire à créer les conditions de l'industrialisation en détruisant les forces jugées « rétrogrades » : structures familiales et démographiques, modes de vie, de consommation, de transmission du savoir, équilibres écologiques. C'est-à-dire des cultures originales qui ne demandaient qu'à se maintenir, ou à choisir elles-mêmes d'autres voies. Comme l'exprime W. Sachs dans « Des ruines du développement » : « Les traditions de la frugalité ont été mises au rancart, les commerces d'échanges locaux dissous, les formes de propriété collective mises en pièces et les économies de subsistance démolies. » Le vrai développement, c'est Disneyland et MacDo sur toute la planète !

La destruction de cette cohérence, véritable rupture historique, était indispensable au dynamisme du capitalisme, parce qu'il s'agit, avant de l'exploiter, de le dominer. Comme aujourd'hui, le démantèlement des services publics est un préalable à la privatisation.

En utilisant le Tiers monde comme réservoir de matières premières et de main-d'œuvre servile, cette œuvre « civilisatrice » va créer, précisément, le sous-développement parce que les échanges se dérouleront à l'avantage exclusif des sociétés dominantes, avec la complicité achetée des élites dirigeantes locales (il faut rappeler que jusqu'à la deuxième guerre mondiale, les pays africains sont globalement autosuffisants sur le plan alimentaire). A force d'intérêts exorbitants et de plans d'ajustement structurel, le niveau d'endettement des pays « sous-développés » ne cessant de s'élever, à la pauvreté va succéder la misère. Ce projet « missionnaire » va justifier les pires crimes et méfaits : pillage des ressources (le colonisateur préférera dire « mise en valeur »), massacre de populations, esclavage, travail forcé ou sous-payé, introduction de technologies étrangères, et particulièrement d'équipements sophistiqués (et donc ruineux, facteur de dépendance), « aide » alimentaire ou médicale, « assistance » militaire.

Avec l'émergence des nouvelles technologies (informatique, robotique, communication…), avec la financiarisation accrue du capitalisme, la « mondialisation » va prendre le relais de la colonisation : la domination économique, par l'interdépendance, remplace peu à peu la domination politique et militaire. Un nouvel ordre mondial va s'instaurer. Car les investissements gigantesques qu'exigent les technologies modernes ne peuvent être rentabilisés que si la planète entière fournit les débouchés aux productions qu'elles engendrent. Il faut noter l'ardeur des Etats-Unis à favoriser l'éclatement des empires coloniaux, non pas pour assurer la libération des peuples, mais pour ouvrir le tiers monde à leurs propres entreprises. Venant en aide aux pays européens dévastés par la guerre, l'« aide Marshall » allait, grâce à une grande avancée technologique et une puissance financière considérable, constituer la première étape de ce processus.

La France porte sa part de responsabilité en ce qui concerne l'Afrique. Sous la pression de l'opinion, De Gaulle accorde les indépendances africaines. Mais dans le même temps, il confie à Jacques Foccart la mission de mettre en place un système de dépendance d'une redoutable efficacité qui mêlera propagande, corruption, fraudes électorales massives, répression des contestataires, groupes de mercenaires, officines de vente d'armes...

L'arrivée de Giscard au pouvoir n'interrompra pas les festivités : le réseau Foccart cèdera seulement la place à une douzaine d'autres réseaux (Mitterrand, Pasqua…), constituant un système incontrôlable, à côté duquel quelques grandes entreprises développeront leur propre stratégie (Elf, Bouygues, Suez-Lyonnaise-Dumez, Bolloré…) Un système où cohabitent trafics d'armes, de drogue, blanchiment d'argent, paradis fiscaux, loteries, paris hippiques, casinos… Et, faits beaucoup plus graves, les crimes contre l'humanité, les génocides commis pour de l'argent, du pétrole, des pierres précieuses ou du bois exotique, et qui conduiront en moins d'un demi-siècle à la ruine d'un continent.

L'un des premiers à avoir démontré que ce qui affecte le système économique et politique international n'est pas une crise mais un processus de décomposition, François Partant écrit, dans « La fin du développement » : « En cessant d'être un processus endogène et autocentré d'évolution globale spécifique à chaque société – et parce qu'il est devenu un processus de croissance technico-économique propre à quelques nations conquérantes – le développement ne pouvait plus être une dimension de l'histoire humaine : il était géographiquement et socialement circonscrit à ces nations. »

B- La religion de la croissance

Ce sous-développement créé de toutes pièces ne peut se comprendre que parce que s'élaborent les outils redoutables de la consommation de masse. Le taylorisme et le fordisme vont sans cesse se perfectionner pour assurer la production de masse. **Le bonheur est désormais assimilé à la consommation**. « Plus » signifie nécessairement « Mieux ». Seule la croissance peut faire croire à l'imminence d'une vie meilleure.

Il ne s'agit pas de nier tout progrès économique : la Terre ne nous fournit quasiment aucun produit directement utilisable, et l'activité économique, dont la finalité est de tendre à la satisfaction des besoins, permet de lutter contre cette rareté. Mais, en sachant que la notion de besoin est en elle-même relative, subjective, il s'agit de dénoncer la dérive d'un système économique qui ne vise plus à satisfaire des besoins, mais à les multiplier pour augmenter des profits, d'un système servi par des organisations technocratiques qui planifient le destin collectif de populations entières, parce que les biens deviennent instruments de domination, d'exploitation.

C'est la convergence de plusieurs facteurs qui va permettre l'avènement de cette « société de consommation » :

➢ La diminution de la durée légale du travail ouvre l'ère des loisirs, des week-ends, des vacances, du tourisme.

➢ L'augmentation du pouvoir d'achat offre l'accès à des biens durables : automobiles, appareils électroménagers, appareils de communication…

➢ La publicité incite au renouvellement des modèles : le marketing, science de la manipulation, se fixe comme but la « soumission librement consentie ». Le consommateur, insignifiant en tant qu'individu, représente un levier considérable en tant que masse.

➢ Le crédit à la consommation achève de favoriser une demande en expansion continue (on sait qu'en dissociant paiement et acte d'achat, il multipliera les tentations et favorisera le surendettement, et parfois la ruine, des personnes et des ménages à faibles revenus).

Les chiffres confirment cette envolée. Si l'on établit le taux de croissance moyen annuel pour seize pays industrialisés (Etats-Unis, Canada, Australie, Japon, et douze pays d'Europe occidentale), on obtient un PIB par tête de 1,4 pour la période 1870-1913, de 1,2 pour 1913-1950… et de 3,8 pour 1950-1973.

Cette course folle qui s'amorçait est parfaitement illustrée par les propos de Victor Lebow, spécialiste américain du marketing, qui écrivait dans le « Retailing Journal » : « Notre économie remarquablement productive veut que nous fassions de la consommation notre mode de vie, que nous transformions l'achat et l'utilisation de biens et services en rituels, que nous fondions notre spiritualité et notre égocentricité sur la consommation… Il nous faut consommer, user, remplacer et rejeter à un rythme toujours croissant ». Censé favoriser la prospérité du Nord comme du Sud, le développement, véritable mythe occidental, s'identifie à une extension planétaire du marché. Il servira de justification à la croissance économique.

Ce délire transparaît de manière encore plus forte dans le discours du sénateur Beveridge, du 28 avril… 1898 ! Justifiant le propos de Serge Latouche, selon lequel l'impérialisme du développement est, d'une certaine façon, la clef du développement de l'impérialisme : « Les usines américaines produisent plus que le peuple américain ne peut utiliser ; le sol américain produit plus qu'il ne peut consommer. La destinée nous a tracé notre politique ; le commerce mondial doit être et sera nôtre. Et nous l'acquerrons comme notre mère (l'Angleterre) nous l'a montré. Nous établirons des comptoirs commerciaux à la surface du monde comme centres de distribution des produits américains. Nous couvrirons les océans de nos vaisseaux de commerce. Nous bâtirons une marine à la mesure de notre grandeur. De nos comptoirs de commerce sortiront de grandes colonies déployant notre drapeau et trafiquant avec nous. Nos institutions suivront notre drapeau sur les ailes du commerce. Et la loi américaine, l'ordre américain, la civilisation américaine seront plantés sur des rivages jusqu'ici en proie à la violence et à l'obscurantisme, et ces auxiliaires de Dieu les feront désormais magnifiques et éclatants. » Plus parano, tu meurs !

Le calcul du P.I.B. (Produit Intérieur Brut) va symboliser cette production, en comptabilisant les flux monétaires entre agents (Etat, entreprises, ménages, banques…). Cette comptabilité sera désormais utilisée comme véritable indicateur de l'économie d'un pays, comme mesure du bien-être d'une nation.

Or cette comptabilité est faussée pour au moins trois raisons.

★ les ressources naturelles, environnementales ne sont pas incluses dans les comptes du patrimoine. Les comptes nationaux n'enregistrent pas la dépréciation du capital naturel (stock d'eau, d'air, d'espaces naturels…) ;

* on ne mesure que ce qui se paye sur le marché : ainsi les femmes (ou les hommes) au foyer, les bricoleurs, les bénévoles assurent une production qui n'est pas prise en compte ;

* en revanche, les nuisances, certaines activités néfastes (pollutions, accidents…) sont incluses dans le P.I.B., comme n'importe quelle activité économique productive, au lieu d'être déduite puisque leur contribution au bien-être général est négative. A la limite, plus une population voit sa santé se dégrader, plus l'indicateur de bien-être se renforce !!! Comme le dit J.-F. Galbraith : « Lorsque le dernier homme dans le dernier embouteillage respirera la dernière fumée de plomb, sans doute sera-t-il ravi de savoir que le P.N.B. s'est accru d'une dernière unité. » Et si la connerie humaine était le seul gisement inépuisable de la planète !

Brutalement, le capitalisme s'accélère ; la mondialisation est en marche. Parce que plus la production augmente, plus les profits s'accroissent, on assiste au développement sans frein de l'économie mondiale, à l'exploitation intensive des richesses. La véritable finalité des biens de la nature est leur utilisation économique. La religion de la croissance est née (hors d'elle, pas de salut !), structurant la société sur la base d'une énergie abondante et bon marché. Selon l'expression du géochimiste russe Vernadsky, l'humanité est devenue une véritable « force géophysiologique ». Une économie sans pilote !

C- La dynamique suicidaire du capitalisme

La crise de 1929 avait déjà fait vaciller l'économie américaine, montrant que la fuite en avant, le gaspillage des ressources étaient inhérents au système capitaliste. En 1939, alors que le Brésil avait, pendant la crise, brûlé six millions de tonnes de café, J. Steinbeck écrivait, dans « Les raisins de la colère » : « La décomposition envahit toute la Californie et l'odeur douceâtre est un grand malheur pour le pays. Des hommes capables de réussir des greffes, d'améliorer les produits, sont incapables de trouver un moyen pour que les affamés puissent en manger. Les hommes qui ont donné de nouveaux fruits au monde sont incapables de créer un système grâce auquel ces fruits pourront être mangés. Et cet échec plane comme une catastrophe sur le pays. Le travail de l'homme et de la nature, le produit des ceps, des arbres, doit être détruit pour que se maintiennent les cours, et c'est là une abomination qui dépasse toutes les autres.

Des chargements d'oranges jetés n'importe où. Les gens viennent de loin pour en prendre, mais cela ne se peut pas. Pourquoi achèteraient-ils des oranges à vingt cents la douzaine, s'il leur suffit de prendre leur voiture et d'aller en ramasser pour rien ? Alors des hommes armés de lances d'arrosage aspergent de pétrole des tas d'oranges, et ces hommes sont furieux d'avoir à commettre ce crime et leur colère se tourne contre les gens qui sont venus pour ramasser les oranges. Un million d'affamés ont besoin de fruits, et on arrose de pétrole les montagnes dorées. »

Mais si aucune leçon n'a pu être tirée de cette « crise », n'est-ce pas précisément que la dynamique capitaliste ne peut s'arrêter d'elle-même ? Michel Bosquet écrivait : « La science et la technologie, loin d'exiger le gigantisme, ont accouché d'outils géants parce que le capitalisme demande ces outils-là et refuse les autres. » Par ailleurs, un rapport annuel de Coca-Cola Corporation stipule : « Chacun de nous, dans la famille Coca-Cola, se réveille tous les matins en sachant que chacun des 5,6 milliards d'humains aura soif aujourd'hui (…) Si nous faisons en sorte que ces 5,6 milliards de personnes ne puissent pas échapper à Coca-Cola, alors nous nous assurons le succès pour de nombreuses années à venir. Agir autrement n'est de toute façon pas un choix. »

Tout est dit. La nature même de la concurrence capitaliste oblige à grossir… ou à disparaître. D'où l'explosion des fusions et des acquisitions. Quelques chiffres parleront d'eux-mêmes. En 1997, les fusions impliquant les compagnies américaines ont totalisé à elles seules un record de 1000 milliards de dollars. 40 000 transnationales représentent à elles seules les trois quarts de toutes les importations et exportations mondiales. En 1995, 48 % des économies les plus puissantes du monde n'étaient pas des pays mais des multinationales. Et bien entendu, la manipulation de l'opinion publique à laquelle se livrent les dirigeants de ces monstres permet de mettre en évidence le caractère prétendument « naturel » et donc irréversible de cette évolution vers l'infiniment grand, alors qu'il s'agit de décisions humaines, et plus précisément de choix politiques intéressés.

Le plus souvent, c'est au détriment des petites structures que les plus importantes ont pu prospérer. Les statistiques démontrent sans contestation possible que l'ouverture de grandes surfaces, d'hypermarchés provoque l'élimination de nombreux petits commerces ou entreprises. Dans le secteur agricole, le processus est identique : chaque année en France, 30 000 exploitations disparaissent, les terres abandonnées étant récupérées par les plus « performantes ». C'est bien la concentration capitaliste qui, en drainant les populations vers les agglomérations urbaines, accentue ce déséquilibre : d'un côté, des villes engorgées, au bord de l'asphyxie ; de l'autre, un milieu rural dévitalisé.

Ce que beaucoup ignorent, **c'est que cette dynamique capitaliste n'a pu s'accélérer aussi brutalement que parce qu'elle a bénéficié de l'aide des Etats**, aux dépens, bien entendu, des populations et des petites entreprises dont les besoins n'ont jamais été pris en compte, parce que très tôt, à travers l'idéologie de la croissance et de l'expansion, l'intérêt national s'identifiera à celui des grandes firmes : « ce qui est bon pour General Motors est bon pour les Etats-Unis ».

Pour atteindre ce but, trois armes redoutables ont été mises au point :

* les subventions qui ont permis l'élimination des petites structures par la pratique des bas prix ;
* la mise en place d'infrastructures (autoroutes, aéroports, terminaux portuaires...) pour répondre à la demande des milieux d'affaires ;
* l'externalisation de certains coûts, c'est-à-dire la prise en charge par la collectivité (donc par le contribuable) des dégâts environnementaux notamment. Ainsi, au Nord comme au Sud d'ailleurs, la majorité des investissements d'infrastructures, réalisés donc avec l'argent public, favorise le développement à une échelle de plus en plus grande, c'est-à-dire favorise la domination des grandes multinationales. L'exemple le plus frappant est sans doute celui des transports aux Etats-Unis, car sans cette volonté politique, jamais les multinationales américaines n'auraient pu atteindre seules un tel degré de puissance.

C'est dans les années 1820 que la construction du chemin de fer a débuté. Ce sont plus de 90 millions d'hectares qui sont passés du domaine public aux mains des compagnies ferroviaires en quelques décennies. Et, comme le fait remarquer Steven Gorelick dans « Les gros raflent la mise », le gouvernement américain n'a pas seulement subventionné la construction du chemin de fer, mais a également eu recours à son armée pour protéger les trains et les colons des indigènes américains dont les terres étaient confisquées. C'est donc grâce à l'essor du chemin de fer, c'est-à-dire à l'argent public, que de grandes entreprises ont pu amasser des profits gigantesques, en bénéficiant de la possibilité d'acheminer sur de longues distances et dans un temps relativement court des matières premières, des biens manufacturés, des produits agricoles.

Le deuxième exemple est celui du transport par route. Dans les années 1920, très peu d'Américains possédaient une voiture, et un réseau de tramways suffisamment développé et fiable permettait à l'ensemble de la population de s'en dispenser... ce qui ne correspondait pas aux intérêts des constructeurs automobiles. A partir de cette période, après avoir pris soin de laisser se détériorer ce système de transport public, ces réseaux locaux ont été achetés et systématiquement détruits par un consortium de compagnies liées à l'automobile. Les transports publics rendus ainsi inexistants, la voiture devenait ainsi une nécessité !

Et, suprême coïncidence ! dans les trois derniers quarts du siècle, l'infrastructure de transports sur route a connu un développement considérable. En 1994 (cité par Steven Gorelick), on comptait plus de 280 000 km de routes dans le système national à lui seul, incluant 72 000 km d'autoroutes, auxquels il faut ajouter 155 000 km de « voies rapides principales ». Au total, les camions ont parcouru 290 milliards de km en 1994 seulement sur les autoroutes ! Des bénéfices énormes… grâce à la manne publique ! La même démonstration pourrait être faite pour les transports aériens où les subventions profitent, là aussi, aux grandes entreprises engagées dans le commerce mondial.

C'est bien la nature même du capitalisme qui est en cause. Ainsi, **sous peine de se désintégrer par la dynamique de ses propres contradictions internes, ce système est condamné à une croissance sans fin, à une fuite en avant perpétuelle.** Deux arguments peuvent être avancés.

D'abord, le système capitaliste, en tant que système, a évidemment intérêt à se perpétuer : il devrait donc préserver l'environnement dont il puise ses ressources. Mais individuellement, chaque entreprise a aussi pour objectif sa propre survie. Le principe même de la concurrence capitaliste fait que seuls les plus « forts » vont survivre. Or les plus « forts » sont ceux qui peuvent pratiquer les prix les plus bas. Et l'un des moyens les plus efficaces pour abaisser les coûts de production, c'est de bénéficier d'économies d'échelles, c'est-à-dire de produire en très grandes séries, donc d'augmenter sans cesse les volumes de production. L'entreprise qui prendrait le risque de réduire sa production courrait à sa perte (il ne s'agit évidemment pas ici des entreprises qui s'adressent à une clientèle « bourgeoise »).

Le deuxième argument se fonde sur les inégalités sociales. Puisqu'il ne peut partager les richesses créées (il les concentre même de plus en plus à tel point que les inégalités n'ont jamais été aussi fortes qu'aujourd'hui), le capitalisme est contraint d'augmenter sans cesse les volumes de production pour empêcher la révolte des plus démunis. La fonction idéologique de la croissance est en effet de faire croire à la réduction des inégalités : plus la taille du « gâteau » (le PNB) augmente, plus les miettes semblent importantes.

Tout ce que vous avez toujours voulu savoir sur l'anarchisme se trouve dans les librairies …

II- Un bilan désastreux

Les conséquences de cette vaste imposture, de cette « fantastique entreprise de mystification », c'est l'homme atteint dans sa chair et sa dignité, c'est une planète gravement endommagée. Après avoir saccagé les forces vives de nombreux continents, l'impérialisme technique de l'Occident finit même par se retourner contre l'Occident lui-même.

Cet échec de l'objectif prioritaire – la répartition des fruits de la croissance – a été régulièrement reconnu par les institutions elles-mêmes… pour mieux justifier la poursuite du mouvement. En 1973, Robert Mac Namara, alors président de la Banque mondiale, déclarait : « Malgré une décennie de croissance sans précédent du produit national brut (…) les parties les plus pauvres de la population n'en ont retiré relativement qu'un petit bénéfice (…) Ce sont surtout les 40 % les plus favorisés de la population qui en ont profité ». On ne saurait mieux dire !

Le rapport du Programme des Nations unies pour le développement (Pnud), publié en juillet 2002, fustige l'attitude des « grandes puissances » : la vague de démocratisation des années 1980 a perdu de son élan, de nombreux pays retombant dans l'autoritarisme. Les pays développés accordent en moyenne 0,25 % de leur PNB à l'aide publique au développement, une participation bien en deçà des 0,7 % convenus par l'Assemblée générale des Nations unies en 1970. Les barrières douanières et les subventions, accordées aux produits agricoles notamment dans les pays développés, pénalisent l'économie des pays « en développement ». La conséquence, c'est l'accroissement des disparités entre pays riches et pays pauvres (actuellement, le revenu des 5 % de personnes les plus riches reste 114 fois supérieur à celui des 5 % les plus pauvres). Le Pnud serait-il noyauté par des anarchistes pour porter un tel coup au moral des troupes ?

Au plan humain, il faut rappeler d'abord le sort inqualifiable réservé au Tiers monde : l'élimination silencieuse de nombreuses populations par la faim (800 millions de sous-alimentés dans le monde), la guerre (nécessaire au capitalisme, faut-il le rappeler), la maladie (tuberculose, paludisme, choléra, sida…), l'analphabétisme, la surexploitation ouvrière, l'aggravation des inégalités sociales (les 20 % les plus riches se partagent plus de 80 % du revenu mondial). Depuis 1990,

- ⋆ 54 pays se sont appauvris.
- ⋆ Dans 21 pays, une proportion plus importante de la population souffre de la faim.
- ⋆ Dans 14 pays, les enfants sont plus nombreux aujourd'hui à mourir avant l'âge de cinq ans.
- ⋆ Dans 12 pays, les inscriptions dans l'enseignement primaire reculent.
- ⋆ Dans 34 pays, l'espérance de vie décline.

Alors qu'une accélération de la croissance était présentée comme la seule manière logique de combler l'écart, le décalage ne cesse de croître entre le discours et la réalité. Cet écart entre pays riches et pays pauvres se creuse continuellement. Il était, selon G. Rist, de un à deux aux environs de 1700, de un à cinq à la fin du XIXe siècle, de un à quinze en 1960 et de un à quarante-cinq en 1980. Le sur-développement crée le sous-développement.

Et même au sein des pays industrialisés, le développement, une fois les illusions dissipées, se caractérise de plus en plus par ses conséquences néfastes. En stimulant constamment des besoins artificiels, la consommation de masse a non seulement berné l'individu par le mirage de la jouissance matérielle, mais dissout la conscience politique des catégories défavorisées tragiquement apprivoisées par l'élévation du niveau de vie. S'il devait être complet, le catalogue des dégâts serait long : l'aliénation et l'usure physique par le travail d'abord, puis le chômage, et ses effets désastreux (fragilisation de la personnalité, perte de dignité, troubles psychiques, états dépressifs, tentatives de suicide…) ; la mobilité géographique et professionnelle rendue nécessaire par la « mondialisation », et qui concerne surtout le Sud, mais aussi le Nord (déracinement, rupture des liens communautaires, reconversion difficile…) ; l'urbanisation rapide qui rend les villes invivables, déshumanise la rue, intensifie le stress ; le progrès technique qui contribue à rendre les rapports sociaux plus agressifs (automobile), favorise le repliement de l'individu sur lui-même, l'émiettement de la société (informatique) ; les inégalités sociales qui génèrent frustrations et délinquance (faut-il rappeler, par exemple, que Mme L. Bettencourt, PDG de L'OREAL gagne plus de 110 000 euros de l'heure sans travailler !); l'accélération des maladies « professionnelles » et de celles dites « de civilisation » ; les risques technologiques majeurs, au Nord comme au Sud (Bhopal, Tchernobyl, AZF…) ; le capitalisme qui, dans sa globalité, marchandise les relations humaines, transforme autrui en un rival ou un ennemi à abattre. Parce qu'il faut diviser pour régner, un certain « art de vivre ensemble » (même s'il ne faut pas idéaliser sur un « âge d'or » passé) a fait place à un individualisme exacerbé, et finalement au désarroi, symptôme parmi d'autres de la décomposition sociale.

C'est peut-être Herbert Marcuse qui analyse avec le plus de perspicacité les « libertés factices », l'aliénation croissante des travailleurs compensée par l'élévation du niveau de vie, la manipulation des besoins dans une société où le fric est loi… et où le flic est roi : « C'est caractéristique de la société industrielle avancée, la façon dont elle étouffe ces besoins qui demandent libération – y compris le besoin de se libérer de ce qui est supportable, avantageux, et confortable – et en même temps soutient et justifie la puissance de destruction et la fonction répressive de la société d'abondance. Les contrôles sociaux y font naître le besoin irrésistible de produire et de consommer le superflu, le besoin d'un travail abrutissant qui n'est plus vraiment nécessaire, le besoin de formes de loisir qui flattent et prolongent cet abrutissement, le besoin de maintenir des libertés décevantes telles que la liberté de concurrence de prix préalablement arrangés, la liberté d'une presse qui se censure elle-même, la liberté enfin de choisir entre des marques et des gadgets (…)

Si l'ouvrier et son patron regardent le même programme de télévision, si la secrétaire s'habille aussi bien que la fille de son employeur, si le Noir possède une Cadillac, s'ils lisent tous le même journal, cette assimilation n'indique pas la disparition des classes. Elle indique au contraire à quel point les classes dominées participent aux besoins et aux satisfactions qui garantissent le maintien des classes dirigeantes. » (« L'Homme unidimensionnel », Editions de Minuit, 1968).

Un bilan écologique précis nécessiterait aussi de longues pages. Citons quand même les principaux aspects (les chiffres sont extraits de la revue « L'Ecologiste », d'octobre 2002) :

➢ *Le changement climatique* : contrairement aux engagements pris lors du Sommet de Rio, en 2000, les émissions de CO^2 s'étaient accrues aux Etats-Unis de 18,1 % par rapport aux niveaux de 1990, de 10,7 % au Japon, de 12,8 % au Canada et de 28,8 % en Australie. Les catastrophes liées au climat (sécheresses, ouragans, inondations) ont augmenté de 160 % entre 1975 et 2001, entraînant la mort de 440 000 personnes et causant environ 480 milliards de dollars de dégâts rien qu'au cours des années 90. Les températures pourraient augmenter d'une moyenne globale de 5,8° d'ici 2100.

➢ *La déforestation* : la moitié du couvert forestier originel de la terre est aujourd'hui détruit. Chaque année, les forêts subsistantes sont détruites sur environ seize millions d'hectares (la moitié de la surface de la Norvège). Chaque minute, une surface équivalant à trente terrains de football disparaît (exploitation abusive, incendies intentionnels). A ce rythme, l'an 2057 verra abattre le dernier arbre ! Par ailleurs, la déforestation est responsable d'environ 30 % de l'augmentation atmosphérique du CO^2 lors des 150 dernières années.

➢ *La disparition de l'eau douce* : les trente dernières années ont connu une augmentation de 40 % des prélèvements totaux de l'eau douce par l'agriculture. L'industrie utilise moins d'eau que l'agriculture (21 % contre 73 %), mais la pollue davantage. Des pénuries d'eau ont causé la mort de sept millions de personnes en 2002. Chaque jour, 6000 enfants meurent pour avoir bu de l'eau polluée. La gestion privée de l'eau risque de continuer à augmenter son prix de manière insupportable pour les plus pauvres.

➢ *La dégradation des sols* : de source et milieu de vie, la terre est devenue un bien de consommation, voire de spéculation. Environ deux milliards d'hectares de terres, soit 15 % des terres émergées de la planète, ont été dégradés par l'agriculture intensive et d'autres activités humaines (érosion, désertification, salinisation, pollution). Chaque année, il continue à y avoir mondialement une perte nette de 25 milliards de tonnes de terre à cause de l'érosion. Or si le sol a une capacité de résistance considérable, il ne peut se régénérer que très lentement : un centimètre de sol représente un siècle d'activité des organismes qui l'habitent et des éléments naturels. L'homme comprendra beaucoup mieux cette réalité lorsqu'il ne lui restera à manger que des billets de banque et des cartes de crédit !

➢ *La perte de biodiversité* : de 50 à 100 espèces s'éteignent chaque jour. En d'autres termes, les espèces disparaissent aujourd'hui à un rythme mille fois supérieur au rythme naturel d'extinction. La diversité des aliments s'appauvrit : 80 % des variétés de tomates et 92 % des variétés de laitues ont été perdues au cours du 20e siècle. Or la diminution de la biodiversité entraîne la vulnérabilité des cultures aux changements climatiques, aux attaques des parasites et des ravageurs. D'autre part, le commerce illégal de faune sauvage constitue le deuxième plus important trafic au monde après celui de la drogue.

➢ *La réduction des ressources halieutiques* : les prises mondiales de poissons ont doublé au cours des 35 dernières années, lesquelles atteignent 137 millions de tonnes aujourd'hui. Selon les Nations Unies, il en résulte que la moitié des réserves halieutiques sont complètement épuisées et, pour un autre quart, souffrent de surpêche. Par ailleurs, les navires rejettent jusqu'à 50 millions de tonnes de pétrole en mer chaque année (essentiellement des dégazages en lavant les cuves de pétroliers et des naufrages), provoquant la mort de millions d'animaux marins.

➢ *Les déchets nucléaires et radiations* : dans le monde, plus de 400 usines de fabrication de bombes atomiques et de centrales nucléaires rejettent de façon routinière des déchets radioactifs dans l'environnement. En 2000, la quantité totale mondiale accumulée de combustible nucléaire usagé était de 220 000 tonnes, et elle continue de croître de 10 000 tonnes environ chaque année, selon l'Agence internationale atomique. Quelques-uns des terrains de stockage des déchets fuient désormais et contaminent les sols et les réserves d'eau aux alentours.

➢ *La pollution chimique* : les ventes mondiales de produits chimiques se sont accrues de presque neuf fois depuis 1970. Entre 70 000 et 100 000 produits chimiques sont actuellement sur le marché mondial et 1500 nouveaux sont mis sur le marché chaque année. Moins de 10 % de ceux-ci ont subi des études toxicologiques correctes.

➢ *La création et la gestion des déchets* : les deux tiers des déchets sont jetés dans des décharges, produisant des émissions de gaz méthane à effet de serre et contaminant les nappes aquifères. De nombreux pays, dont la France, se sont maintenant tournés vers l'incinération pour tenter de gérer leurs problèmes grandissants de déchets, ce qui a causé de dangereuses émissions de dioxine, de métaux lourds et de gaz acides. De nombreux pays, dont le Japon, la France, le Royaume-Uni, l'Irlande, la Grèce et le Mexique recyclent encore moins de 12 % de leurs déchets ménagers. Par ailleurs, 90 % des eaux usées dans le tiers monde sont rejetées dans les rivières sans retraitement.

➢ *L'épuisement des ressources non renouvelables* : au rythme de consommation actuel, il y aurait 40 ans de réserves de pétrole (Statistical Review of World Energy), 70 ans de gaz (Gaz de France) et 55 ans d'uranium (Commission des communautés européennes – 2000).

Parce que béton et bitume sont devenus nos matériaux familiers, occultant la fragile matrice de la vie, nous semblons avoir oublié que l'homme ne produit rien (il transforme seulement) ; que les écosystèmes artificiels (écosystèmes agraires, mais surtout urbains) dépendent, aux niveaux énergétique et alimentaire entre autres, de la qualité des écosystèmes naturels. Or la restauration de ces équilibres n'est pas pour demain, car le chemin est long entre la reconnaissance d'un problème, la prise en compte de sa gravité, la mise en pratique des mesures préconisées… et les résultats obtenus. Et les services assurés gratuitement par la nature (purification de l'air et de l'eau, décomposition des déchets, régulation du climat…) vont coûter de plus en plus cher, s'ils doivent l'être par des mécanismes artificiels.

III- La croissance n'est plus possible

En créant sans cesse des besoins artificiels, en diminuant la durabilité des biens et leur réparabilité, en multipliant les objets jetables, le capitalisme a engendré un tel gaspillage que notre surcroissance économique dépasse largement la capacité de charge de la biosphère. D'autant que les phénomènes évoluent de manière « exponentielle », c'est-à-dire en s'accélérant de manière vertigineuse.

A 3 % de taux de croissance (ce qui pourrait sembler raisonnable), on multiplie cette croissance par 20 en un siècle, par 400 en deux siècles, par 8000 en trois siècles ! Un piège gigantesque se referme sur une société qui a laissé dériver sa propre évolution jusqu'à l'absurde. Les économies industrielles sont happées dans une perpétuelle fuite en avant, dans la mesure où la productivité industrielle ne peut croître de manière importante dans une période donnée qu'au prix d'une accélération aussi importante du rythme d'épuisement du capital énergétique et minéral de la biosphère.

Différents outils d'évaluation de l'impact de la demande humaine sur la biosphère attestent cette perception des faits. La consommation d'énergie par tête représente sans doute le meilleur indice des forces mises en œuvre pour transformer le monde : or elle était de deux à trois mille kilocalories avant l'invention du feu ; elle dépasse aujourd'hui 230 000 kilocalories aux Etats-Unis ! Chaque année, l'humanité consomme une quantité de combustibles fossiles équivalente à celle constituée en un million d'années (en sachant qu'un habitant des pays industrialisés consomme en moyenne dix fois plus d'énergie qu'un habitant des pays pauvres).

L'ensemble des pays industrialisés vit très largement au-dessus des moyens dont l'humanité dispose (on sait, entre autres, qu'à consommation constante, nos réserves de pétrole seront épuisées dans un demi-siècle, même s'il est vrai qu'à un instant donné, l'état de ces réserves dépend aussi des coûts et des techniques d'extraction, et non de la seule consommation). Notre mode de vie est insoutenable à terme, et ne peut être généralisé à l'ensemble de la planète. Si le monde entier devait adopter le mode de vie américain, toutes les réserves connues de la planète seraient épuisées en quelques mois. Et **pour seulement conserver notre niveau de vie actuel, il nous faudrait, dans un siècle, les ressources équivalant à plusieurs planètes.**

Ce qu'on appelle l'empreinte écologique est une mesure de la pression qu'exerce l'homme sur la nature. C'est un outil qui évalue la surface productive nécessaire à une population pour répondre à sa consommation de ressources (pour les besoins de nourriture, de chauffage, de matériaux de construction, de transport, d'air pur, d'eau potable, d'absorption des déchets…).

Or selon le Rapport Planète Vivante 2002 du WWF (Fonds mondial pour la nature), l'empreinte écologique globale de l'humanité a presque doublé au cours des trente-cinq dernières années, et dépasse de 20 % les capacités biologiques de la Terre. Nous vivons donc en « sur-régime » par rapport aux ressources de la planète. La demande moyenne mondiale en surface représente 2,3 ha par personne (avec des écarts considérables : 9,7 ha pour les Etats-Unis, qui émettent près de 20 fois plus d'équivalent-carbone que le Népal ; 5,4 pour le Royaume-Uni ; 4,7 pour l'Allemagne) alors que la capacité biologique existante globale est de 1,91 ha.

Concernant la France, l'empreinte était, pour l'année 1999, de 5,2 ha pour une capacité biologique de 2,9 ha (le résident parisien moyen ayant une empreinte 14 % plus élevée que la moyenne française). A noter que l'empreinte de la France a augmenté de 47 % en moins de quarante ans (dans le même temps, sa population n'a augmenté que de 27 %).

Vers 2050, si nous ne changeons pas de cap, l'empreinte écologique de l'humanité pourrait dépasser de 100 % la capacité biologique de la planète. Ce que nous prenions pour de grandes réussites s'avère être des échecs. Et avec le recul du temps, les « Trente Glorieuses » (formule que Jean Fourastié avait créée en 1979 pour caractériser la France des années 1945-1973, c'est-à-dire du Plan Marshall au premier choc pétrolier) apparaîtront comme la période la plus tragique de l'humanité. En une brève page d'histoire, le capitalisme aura réussi ce tour de force de faire d'une nature opulente un « objet juridiquement appropriable et techniquement exploitable »... avant d'en faire un cimetière.

La nature ne peut plus continuer à prendre en charge une économie « moderne » qui dérive jusqu'à l'orgie. Elle ne peut plus continuer à supporter le coût en énergie et en matières premières des transports : aériens (un aller Paris-Miami en avion pollue autant qu'une voiture pendant un an), mais aussi routiers (le parc automobile mondial compte 600 millions de voitures). Ni un ordinateur dans chaque foyer, des appartements surchauffés l'hiver et climatisés l'été, les golfs copieusement arrosés, un électroménager de plus en plus vorace, des fruits et des légumes en toutes saisons, des tonnes de crevettes asiatiques ou de soja américain vers les hypermarchés européens. Alors que peu le remettent en cause, ce modèle, qui maximise les rythmes d'exploitation, est d'ores et déjà condamné, parce qu'il puise dans un capital non reproductible.

IV- Le développement durable, ou la fausse solution

Pour remédier à cette situation, le « développement durable » est désigné comme « la » panacée. Créé à l'occasion de la Conférence mondiale de Stockholm en 1972, le terme « développement durable » est défini comme **« un développement qui répond aux besoins du présent sans compromettre la capacité des générations futures de répondre aux leurs ».** Répondant à une situation d'urgence, ce concept laisse la porte ouverte à peu près à toutes les interprétations : générosité, souci d'innovation, mais aussi, et surtout, confusion, verbiage, démagogie, hypocrisie. Il est significatif de retrouver autour de ce même concept des industriels, des administrations, des collectivités locales, des associations de protection de l'environnement. L'ambiguïté même du terme en assure le succès : elle masque le problème en donnant l'impression de le résoudre. Plus grave encore, elle déplace un problème pour en créer un autre, plus épineux.

A- Le « sommet » de Johannesburg : un fiasco prévisible

Plus que jamais, il s'agit d'un « sommet » de l'hypocrisie. En témoigne ce court extrait du discours de J. Chirac devant l'assemblée plénière de ce sommet mondial de Johannesburg : « Notre maison brûle et nous regardons ailleurs. La nature, mutilée, surexploitée, ne parvient plus à se reconstituer et nous refusons de l'admettre. L'humanité souffre. Elle souffre de mal-développement, au Nord comme au Sud, et nous sommes indifférents. La terre et l'humanité sont en péril et nous en sommes tous responsables. » Pendant ce temps, son gouvernement s'empressait de réduire les subventions aux transports en commun et de faire fi des économies d'énergie !!!

Alors qu'il était censé adopter des mesures en faveur des pauvres et de l'environnement, le Sommet mondial sur le développement durable organisé à prix d'or (pour le traitement privilégié des « élites » politiques) à Johannesburg en 2002 a ouvert un peu plus la voie à la privatisation des ressources, à tel point que certains l'ont qualifié de « gigantesque foire aux ressources planétaires ». Rien ne manquait pour garantir la démocratie : encadrement par 8000 policiers, salle de négociations trop petite, projets de textes fournis tardivement… Du grand art !

Les partenariats de type II notamment (qui lient collectivités territoriales et entreprises privées) permettent au monde des affaires d'accroître sa domination. Les partenariats de type I, qui sont les engagements gouvernementaux classiques, vont pratiquement céder la place à ces nouvelles procédures, concrétisant l'effacement continu des Etats devant les milieux d'affaires.

Ces partenariats entre le public et le privé sont l'occasion, pour les grandes firmes, de s'implanter dans des secteurs d'activités ou des régions géographiques où elles n'étaient pas encore présentes (ces nouveaux marchés permettant de prendre le relais de ceux, saturés ou limités, des pays occidentaux). Le cadre qui leur est offert est sur mesure : déclarations floues sur le respect des droits de l'homme, sur le droit du travail et de l'environnement. Pas de « structures bureaucratiques rigides ». Ni outil de réglementation, ni menaces de sanctions. Pas d'obligations de résultats, pas de comptes à rendre. Bref, la liberté absolue… d'entreprendre !

Il ne faut donc pas s'étonner que des centaines d'entreprises, en ayant pris soin de nier leur responsabilité dans l'aggravation des problèmes planétaires, s'engouffrent dans la brèche ouverte par le « Pacte mondial » proposé par Kofi Annan lors du Forum économique mondial qui s'est tenu en janvier 1999 à Davos : Aventis, DuPont, Novartis, Ericsson, EDF, Shell, Volvo… Et aussi des ONG qui acceptent de se plier aux injonctions du pouvoir économique et politique, moyennant quelques avantages financiers.

Ainsi, on apprend dans « Le Monde » du 23 mars 2002 que Vivendi environnement « apporte sa contribution à la protection des terres australes et la gestion des réserves naturelles », avec pour slogan « Agir pour préserver le bien le plus précieux de notre Terre : l'eau ». Grâce à Vivendi, les millions d'habitants des bidonvilles disposeront d'eau potable… à condition de pouvoir la payer. Or des études réalisées dans différents pays montrent que l'investissement total du marché de l'eau se situe entre dix et quinze milliards de dollars par an. Pour permettre à 500 millions de personnes d'avoir accès à l'eau d'ici 2015, c'est la somme de 380 milliards de dollars supplémentaires qu'il faudrait investir ! Qui peut croire que les grandes entreprises engageront tant d'argent pour des pauvres ?

En matière d'agriculture, les firmes agroalimentaires, avec l'aide de la Banque mondiale, contraignent par exemple des paysans d'Afrique à démanteler leurs systèmes de sécurité alimentaire… pour leur imposer les aliments génétiquement modifiés américains sous la forme d'aide alimentaire. Et les subventions considérables dont bénéficient les agriculteurs des pays riches permettent d'autre part l'exportation à bas prix des excédents agricoles, désorganisant totalement la production locale.

Concernant l'énergie, aucune information n'est fournie sur le coût écologique des grands barrages hydroélectriques ou des mines d'uranium, sur le coût financier des déchets nucléaires. Ces détails seront, on s'en doute, négociés ultérieurement au plus grand détriment des pauvres.

B- Aménager l'économie de marché : une réponse bourgeoise

Alors que dans les années 70, on considérait à juste titre que le couple croissance-développement était responsable des problèmes environnementaux, depuis le sommet de Rio en 1992, on est passé de manière extraordinaire au constat inverse : la croissance économique et le développement conduits par les multinationales sont les remèdes aux déséquilibres environnementaux ! Comme le dit le mégalomane George W Bush : « La mondialisation est la solution, non le problème ». **Le marché est chargé de remédier à la destruction de la planète infligée par… le marché.** C'est un peu comme si vous décidiez de révéler la combinaison du coffre à un malfaiteur pour protéger votre magot !

Les déclarations de nos « responsables » indiquent très clairement les limites dans lesquelles ils entendent se situer. Corine Lepage, alors ministre de l'environnement, avait rassuré son auditoire aux premières Assises nationales du développement durable, en laissant entendre qu'il n'était pas question de remettre en cause le principe d'économie libérale. Dans la même veine, l'économiste Michel Beaud affirmait : « il faut imaginer pour cette fin de siècle un compromis écologique qui permettrait à un « capitalisme vert » de concevoir des produits écologiques, depuis leur fabrication jusqu'à leur élimination ».

On comprend parfaitement l'enjeu lorsqu'on lit « Développement durable. Ensemble ? », enquête de Marie-Odile Monchicourt auprès de Michel Griffon, agronome et économiste, chercheur CIRAD : « Il ne faut pas renouer avec la pensée planificatrice bureaucratique d'autrefois, mais renouer avec une pensée prospective, visionnaire, et organisatrice à long terme. De quoi donner des cadres de régulation efficaces aux marchés, puis de leur laisser jouer leur rôle qui est irremplaçable » ! ! !

Plus récemment, parce qu'ils estimaient que, tant sur la question des OGM que sur la politique énergétique, les ministres n'avaient aucune envie d'entendre leurs arguments, et donc qu'ils ne disposaient d'aucune marge de manœuvre, plusieurs membres de la Commission française du développement durable (dont Jacques Testart, son président) ont annoncé leur démission en mai 2003.

Voici un extrait de la lettre de démission remise à J.-P. Raffarin : « Contrairement à d'autres comités, nous ne sommes pas un groupe d'experts dont le rôle serait de participer à la politique gouvernementale, mais nous constituons un laboratoire d'idées indépendant et attentif au service du développement durable et de la démocratie. Constatant la mise en cause de cette autonomie, de notre liberté de réflexion et d'action, la plupart des membres actifs de la CFDD considèrent aussi qu'ils n'ont pas d'autre choix que de mettre fin à leur mandat. »

A la même période, lors du débat sur les projets d'infrastructures de transports pour les années 2003-2020, le ministre Gilles de Robien affirmait d'emblée, dans les couloirs du Palais-Bourbon : « Il n'y a pas d'abandon de projets. » Et parmi les projets : TGV Est, Rhin-Rhône, Lyon-Turin, Marseille-Nice, Perpignan-Figueras, Bordeaux-Toulouse, Sud-Europe-Atlantique… Plus aéroport Notre-Dame-des-Landes, 2e aéroport de Toulouse, 3e aéroport de Paris… Autant d'aménagements dérisoires qui s'intègrent parfaitement dans le cadre du « développement durable » ! Comment fait-on pour mettre quatre éléphants dans une 2 CV ? Très facile : on en met deux derrière, et les deux autres devant !

Les instruments économiques que prônent les défenseurs de l'économie de marché, et présentés comme la panacée, ne sont que des soupapes de sûreté destinées à limiter les dégâts, à reculer l'échéance d'une désintégration du système. Polluer un peu moins pour polluer plus longtemps ! Gérer « rationnellement » les éléments devenus rares, mais en conservant la dynamique qui a engendré cette pénurie ! Parmi les outils les plus classiques, notons : la taxe (l'Etat tarifie l'utilisation des ressources environnementales jusqu'alors gratuites) ; l'aide financière, qui vise à modifier des comportements ; les permis de polluer (l'Etat fixe le niveau global de pollution tolérable, et le marché détermine le prix de ces « droits de polluer » susceptibles de s'acheter ou de se vendre).

Le « développement durable » se résume donc à une acceptation des règles de l'Organisation Mondiale du Commerce, à la perspective, pour quelques centaines d'entreprises de grande taille, de privatiser un peu plus des domaines vitaux comme l'eau, l'alimentation, la santé, services autrefois gratuits ou presque, et qui vont devenir de plus en plus chers. Même si certains projets peuvent être judicieux pour la défense de l'environnement, l'essentiel est qu'ils ne puissent être mis en œuvre par les populations elles-mêmes, mais toujours par le biais incontournable des multinationales. De plus en plus, les pays pauvres dépendent des multinationales dans l'élaboration de leurs objectifs économiques, environnementaux ou sociaux. Il faut donc envisager une autre solution.

Et ce n'est évidemment ni le remords hypocrite ni le cynisme pervers d'un Joseph Stiglitz, directeur économique à la Banque mondiale de 1996 à 1999, ou d'un Michel Camdessus, qui dirigea le FMI de 1987 à 2000, nouveaux partisans d'une mondialisation à visage humain (?!?), qui doivent faire illusion.

V- L'inévitable décroissance

Intervenir dans un endroit précis à un moment donné peut avoir des effets complètement inattendus ailleurs et plus tard. Penser et agir simultanément à l'échelle locale et mondiale n'est pas une formule creuse. On ne peut plus continuer à ignorer les conséquences de nos choix. On ne peut poursuivre ni une croissance faible, ni même une « croissance zéro ». Il nous faut impérativement sortir du développement et de l' « économisme », et accepter la perspective d'une décroissance physique, voire économique.

La décroissance physique est incontournable : puisque l'empreinte écologique met en évidence un « sur-régime » par rapport aux ressources de la planète, il faut réduire la quantité de matières premières et d'énergie mise en jeu chaque année.

La décroissance économique est beaucoup plus difficile (et peut-être impossible) à établir. L'activité économique est actuellement mesurée par un outil élaboré par l'idéologie capitaliste qui, on l'a vu, ne prend pas en compte les ressources naturelles et comptabilise positivement les accidents, les pollutions… Pour affirmer qu'il faut ou non s'orienter vers une décroissance économique, il faudrait d'abord définir un outil précis qui, aujourd'hui, n'existe pas, et qui n'existera probablement jamais. La question est : en a-t-on d'ailleurs besoin ?

Si la grande majorité de la population découvre aujourd'hui cette notion de décroissance, c'est parce que trente ans d'acharnement thérapeutique pour sauver un modèle moribond, infligé conjointement par les politiciens, les industriels et les financiers, ont fait oublier le début des années 70 au cours desquelles un débat très fécond s'était instauré sur la critique de la croissance et du développement. Quelques repères :

En 1972, deux ouvrages deviennent des best-sellers :

- le rapport du Club de Rome « Halte à la croissance » ;
- « Changer ou disparaître. Plan pour la survie », coordonné par Teddy Goldsmith.

Un peu plus tard, en 1979, paraîtront :

- « L'Economique et le Vivant », de René Passet ;
- « La Décroissance », de Nicholas Georgescu-Roegen.

On pourrait citer de nombreux propos allant dans le sens d'une remise en cause sévère du modèle occidental. En voici quelques-uns.

Le rapport du Club de Rome : « En se soumettant sans condition à l'objectif de l'expansion, la société dans laquelle nous vivons se condamne elle-même ». « Créer une société viable à long terme, et qui assure à chacun le plus de satisfactions possibles. Par définition, une telle société ne peut se fonder que sur la stabilité, non sur l'expansion ».

Aurelio Peccei (président du Club de Rome) : « La croissance est un multiplicateur des inconvénients ».

Sicco Mansholt, alors président de la Commission européenne : « L'incitation à la croissance n'est en fin de compte qu'un objectif politique immédiat servant les intérêts des minorités dominantes ». Et plus surprenant encore, du même S. Mansholt : « Pour que l'humanité survive, il faut que le capitalisme meure » ! ! !

Les premiers avertissements sont d'ailleurs bien antérieurs à cette période des années 1970. Dès 1908, Théodore Roosevelt écrivait : « Nous nous sommes enrichis de l'utilisation prodigue de nos ressources naturelles et nous avons de justes raisons d'être fiers de notre progrès. Mais le temps est venu d'envisager sérieusement ce qui arrivera quand nos forêts ne seront plus, quand le charbon, le fer et le pétrole seront épuisés, quand le sol aura encore été appauvri et lessivé vers les fleuves, polluant leurs eaux, dénudant les champs et faisant obstacle à la navigation. » En quels termes s'exprimerait-il aujourd'hui ?

En 1931, Paul Hazard, dans « Le malaise américain », tire les leçons de la crise de 1929 : « Alors un doute immense commence à troubler les esprits. L'idée qu'il faut surproduire pour qu'on surachète, c'est-à-dire l'idée qui domine la vie économique de tout le pays, est-elle si juste ? Quand le marché est saturé et que la production continue, que devenir ? On a fait une campagne de publicité pour que chaque famille achète deux autos : une seule ne suffit pas. Lui persuadera-t-on d'en acheter trois ? On achète à crédit son auto, sa maison, son réfrigérateur, son pardessus, ses chaussures. Le temps vient pourtant où il faut régler son compte. Les marchés extérieurs se ferment : l'Europe est rétive depuis les tarifs, l'Amérique du Sud est occupée par ses révolutions. Bref, il faut arrêter la surproduction puisqu'il manque la contrepartie et qu'on ne consent plus à suracheter ; mais un tel arrêt ne va pas sans déchets, sans chômage et sans inquiétude pour l'avenir immédiat. Le malaise est là. Il va plus loin que l'effondrement de certaines fortunes, plus loin même que la faillite, la disparition ou le suicide de quelques hommes d'affaires. Il y avait une conviction établie, une méthode qui avait donné ses preuves, un système économique qui semblait infaillible, et voici que les principes qui ont fait la gloire de l'Amérique sont remis en question. »

C'est donc en parfaite connaissance de cause, et par soumission aux impératifs de la finance internationale, que, depuis trente ans et plus, nos dirigeants maintiennent l'orientation suicidaire de l'économie mondiale, repoussent le plus loin possible les décisions indispensables, et par conséquent contribuent à créer, pour les générations futures, des conditions de vie de plus en plus difficiles. Trente ans perdus qui pèseront lourd dans la balance.

C'est sans doute N. Georgescu-Roegen qui a été le premier économiste à intégrer pleinement dans ses travaux la remise en cause de la croissance économique.

Fondée sur une vision mécaniste réductrice, la science économique dominante assimile le processus économique à un modèle mécanique régi par un principe de conservation et une loi de maximisation. Ce processus économique est pensé comme un processus isolé et indépendant. La dégradation de l'environnement, l'épuisement des ressources naturelles (mais aussi les nombreux dysfonctionnements sociaux) mettent en évidence que la reproduction de la sphère économique ne peut plus être pensée indépendamment du milieu qui la porte, la biosphère.

Aucun système économique ne peut survivre sans un apport continu d'énergie et de matière. Il s'agit de deux logiques qui s'affrontent, celle de l'économique et celle du vivant : alors que la nature maximise les stocks (la biomasse) à partir d'un flux donné (le rayonnement solaire), l'économie maximise les flux marchands en épuisant des stocks naturels.

Créée par N. Georgescu-Roegen, la bioéconomie, science interdisciplinaire qui intègre les dimensions biogéophysiques de l'activité humaine, bouleverse la vision euphorisante de la pensée économique occidentale. Cette science nous enseigne que notre monde subit une irréversible dégradation physique. La loi de l'entropie, deuxième principe de la thermodynamique (que les économistes n'ont pas su ou pas voulu assimiler – et pas seulement parce qu'elle représente une nouvelle blessure narcissique infligée à l'amour-propre de l'homme), énonce que l'ordre d'un système clos se transforme continuellement en désordre. Toutes les formes d'énergie sont graduellement transformées en chaleur, et cette chaleur devient si diffuse que l'homme ne peut plus l'utiliser. Ce processus de dégradation peut être freiné mais non inversé. Or la civilisation « thermo-industrielle » que l'homme a créée accélère cette dégradation, le processus économique ne faisant que transformer des ressources naturelles de valeur en déchets.

A- Quelle décroissance ?

S'il est relativement aisé de formuler des critiques pertinentes à l'encontre de l'idéologie du développement, les difficultés surgissent dès qu'il s'agit de penser l'après-développement. Personne ne peut définir les contours précis d'une telle entreprise : il appartiendra à chaque population de trouver sa voie. En ayant conscience de trois impératifs.

Nous n'avons pas le choix : si l'on veut bien accepter l'idée que la possibilité de coloniser d'autres planètes relève du délire, notre modèle économique et social, déconnecté de la réalité physique, doit disparaître pour laisser la place à une économie qui réserve les précieuses ressources de la planète aux utilisations vitales. La « demande » humaine doit se définir dans les limites de ce que la nature peut nous offrir. La décroissance n'est pas un idéal ; c'est une nécessité absolue.

Il faut agir très vite : reculer le débat, c'est prendre le risque d'atteindre dans un délai relativement bref le point de non-retour. Nous avons moins d'un demi-siècle (et peut-être même beaucoup moins) pour changer radicalement.

De sérieux obstacles se dressent devant nous :

- ⋆ parce qu'il est difficile pour une société d'accepter l'idée de sa propre finitude (tellement difficile que certains envisagent une décroissance « soutenable », c'est-à-dire qui ne devra pas « générer de crise sociale remettant en cause la démocratie et l'humanisme », et donc qui devra préserver le système capitaliste… fondé sur la croissance ! ! !);
- ⋆ parce que les profits croissent proportionnellement aux volumes de production, les dirigeants des firmes capitalistes ont intérêt à maintenir un rythme soutenu de croissance ;
- ⋆ parce qu'un demi-siècle de conditionnement culturel, de matraquage publicitaire a créé, puis entretenu une soif sans fin de consommation, la demande de biens matériels (et aussi de services) va se maintenir pendant longtemps encore à un niveau élevé : il faudra du temps pour « décoloniser l'imaginaire » ;
- ⋆ parce que les différents gouvernements subissent la pression à la fois des milieux d'affaires (financement) et des populations (échéances électorales), ils reculeront sans cesse les décisions « impopulaires » à prendre en matière de préservation de l'environnement.

En évoquant la décroissance, la peur s'installe. Peur d'affronter la réalité, de s'écarter des normes sociales, de ramer à contre-courant. Peur de se retrouver face à soi, à l'inconnu, aux grandes interrogations, et notamment au « pourquoi ». Peur de la liberté tout simplement, devant la fascination rassurante de la technologie. Peur de la responsabilité des actes individuels et des choix collectifs. Peur du regard et du jugement des autres. De l'ironie imbécile et du dénigrement primaire qui brandissent le « retour à la bougie ou à l'âge de pierre », la « régression sociale », comme si la croissance économique était un phénomène « naturel », alors qu'elle constitue une exception historique, comme si la décroissance s'identifiait à une « amputation de soi-même », à un « arrachement de l'humain à sa propre humanité », au déchirement du rêve de la toute-puissance.

Si chacun, effrayé devant les risques, refuse d'aborder les problèmes, persiste à nier la réalité et à adopter pour devise : « après nous, le déluge », la cause est entendue ! Nous ferions bien de (re)découvrir que toute civilisation est mortelle (même les dinosaures ont disparu !) Jusqu'à présent, le marché se heurtait à une double limite : la solvabilité des acheteurs et leur capacité à consommer. Désormais il vient buter, et définitivement, sur les limites physiques de la planète. Il s'agit bien, en effet, d'un enjeu de civilisation, et donc à long terme d'un bouleversement de notre rapport à l'énergie notamment : le sens de la mesure contre la folie des grandeurs. L'axe prioritaire commun à toutes les expérimentations sera nécessairement la préservation des ressources (matières premières, énergie, terres cultivables, eau potable, air pur…) L'idéal serait, bien entendu, de reconstituer le capital naturel déjà détruit. Mais pour le moins, deux objectifs sont incontournables : viser la décroissance de la consommation en ressources non renouvelables, et respecter le rythme de renouvellement pour les autres (réserves de pêche notamment).

Et il est mathématiquement évident que ces profonds changements ne pourront s'opérer dans le cadre du système capitaliste, comme essaient de le faire croire un certain nombre d'illusionnistes. **Il s'agit d'un problème de pure logique : puisque la décroissance est inévitable, et que le capitalisme, lui, ne saurait survivre sans une croissance continue, alors le capitalisme doit disparaître.** Ce seul argument devrait suffire à le discréditer définitivement. Il y a quelques décennies, une question avait été posée : comment faire du socialisme dans le cadre de son contraire, le capitalisme ? Elle n'a jamais trouvé de réponse. La question est aujourd'hui beaucoup plus grave : comment faire de la décroissance dans le cadre de son contraire, la croissance ?

1- La démarche individuelle

Les discours les plus pertinents (y compris libertaires) sur le sujet ne serviront jamais à rien si chacun se refuse à les mettre en pratique. Les possibilités de survie de l'humanité ne peuvent naître que si une proportion suffisante des populations accepte des changements notables dans ses comportements quotidiens. C'est ce qu'on appelle la « simplicité volontaire », expression popularisée aux Etats-Unis dans les années 80. Il s'agit, pour une partie de la population consciente de la gravité des problèmes et motivée, de renoncer à la surconsommation, d'adopter un style de vie plus sobre, de rechercher une qualité de vie fondée sur des besoins « authentiques », mettant en pratique l'idée que le bien-être matériel n'est pas proportionnel à la quantité de biens et services produits. Et même, pour la frange la plus « hard », prônant le choix délibéré de la pauvreté comme « un mode de vie supérieur et comme une condition de liberté ».

Cette démarche met en évidence, à juste titre, que des actes quotidiens, qui peuvent paraître insignifiants, ont un impact réel sur l'environnement s'ils sont répétés des millions de fois. Elle peut combiner des comportements personnels et de petites actions collectives, couvrant un grand nombre de domaines de la vie quotidienne : préférer la douche à un bain, ne pas laisser un robinet inutilement ouvert, ne pas chauffer un litre d'eau pour une tasse de thé, laver sa voiture à l'eau de pluie, entretenir les installations, choisir la proximité (magasins et producteurs), le petit producteur plutôt que la grande surface, limiter les produits surgelés gourmands en énergie, éviter les aliments hors saison, modifier des habitudes alimentaires, refuser la publicité dans sa boîte à lettres, diminuer le nombre de lampes, utiliser des ampoules à basses consommation, préférer la marche ou le vélo pour les petites distances, recourir au covoiturage, aux transports en commun quand c'est possible, donner des objets superflus aux organisations qui les récupèrent…

Aux Etats-Unis, on estime que de 12 à 15 % de la population auraient déjà choisi cette orientation. On ne peut douter que le comportement « responsable » de ces « citoyens-consommateurs » avertis permette de réaliser des économies d'eau, de matières premières et d'énergie non négligeables. On ne peut même qu'encourager cette remise en cause loin d'être évidente d'un conditionnement destiné à accroître toujours plus le gaspillage, cette résistance aux produits, à la publicité, aux promotions, aux modes, aux normes.

L'Occident n'a d'ailleurs pas l'apanage de cette défiance à l'égard du progrès technique à tout prix. Pour peu qu'on cesse de les piller, de les rançonner, c'est sans doute dans les pays de l'hémisphère sud que se trouvent réunies les meilleures conditions de cette remise en cause. Même si elles ne sont que rarement organisées autour d'une idéologie spécifique ou de propositions politiques générales, des expériences porteuses, comme l'écrit Gustavo Esteva, économiste et journaliste mexicain, d'une certaine « régénération post-moderne de la tradition », se multiplient dans les villages paysans ou les quartiers populaires. A travers ces micro-projets, ces alternatives socio-économiques originales, et fondé sur les valeurs d'hospitalité, de convivialité, un processus complexe de lutte et d'organisation susceptible de conduire à l'autonomie, est en marche. Démunies, dépossédées de leurs moyens de subsistance, de leur savoir-faire, frustrées même par des promesses jamais tenues, des populations cessent d'attendre passivement, résistent avec dignité, inventent des pratiques sociales, échangent des connaissances et des vécus, redécouvrent des plaisirs dévalués, expriment des talents méprisés, se rebellent contre la détérioration de leurs conditions de vie et la réduction de leurs espaces de liberté. Il se trouve même des paysans africains pour bannir la télé de leur village parce qu'elle véhicule des valeurs qui leur sont totalement « étrangères » ! Qu'en pense le Français moyen qui passe trois heures par jour à ingurgiter des émissions toujours plus débilitantes ?

Les propos de l'auteur d'un projet éducatif au Mexique (cités par Gustavo Esteva) traduisent parfaitement cette prise de conscience : « Du point de vue occidental, on nous a beaucoup étudiés, mais peu nous ont compris ; l'Occident continue à nous imposer sa forme de développement, sa civilisation, sa façon de voir le monde et son style de rapports avec la nature, niant toutes les connaissances que nos différents peuples ont produites. Nous avons domestiqué le maïs, cet aliment sacré auquel nous devons la vie, et nous continuons à l'améliorer. Malgré cela, dans la vie de tous les jours, quand un agronome arrive dans nos villages, il nous dit que le maïs déjà enregistré et produit dans son centre de recherche est meilleur. Si nous construisons une maison selon nos connaissances et avec nos propres matériaux, un architecte arrive et nous dit que pour vivre dignement, il faut avoir une maison faite de matériaux industrialisés… »

2- Un autre choix de société

Mais si, une fois encore, des changements individuels peuvent infléchir quelque peu des tendances, les quantités d'énergie et de matières premières sur lesquelles portent ces changements demeurent dérisoires par rapport à celles qu'impliquent les politiques mises en œuvre par les Etats et leurs alliées, les multinationales. Dans le cadre restreint de cette brochure, nous ne considérerons que les trois domaines les plus caractéristiques pour montrer que le gaspillage des ressources procède beaucoup plus largement des institutions que des individus : le complexe militaro-industriel, la politique des transports, la politique agricole.

A cet égard, il importe de combattre une position dangereuse, celle qui consiste à reconnaître que, comme toute entité organique, le capitalisme a vécu et va mourir, que c'est dans « l'ordre des choses », et que le meilleur moyen de contribuer à son extinction, c'est de limiter sa consommation… ce qui dispense d'envisager la révolution sociale. Car si, effectivement, le capitalisme est un mouvement suicidaire, il entraîne dans son effondrement l'ensemble de l'humanité, et il n'y a donc pas une seconde à perdre pour le terrasser !

Le complexe militaro-industriel

Il convient préalablement de tordre le cou à une idée reçue, celle qui veut que les dépenses militaires diminuent depuis la chute du mur de Berlin et la désintégration de l'URSS. Selon les données du SIPRI, la réduction des dépenses militaires mondiales a pris fin en 1996, et en 1999 elles ont même augmenté pour la première fois depuis 1988, les Etats-Unis occupant évidemment une place prépondérante dans cette remilitarisation de la planète. A cause notamment des équipements techniques sophistiqués (électronique, informatique), le niveau de ces dépenses militaires atteignait à la fin du XXe siècle un montant égal à 90 % du niveau obtenu sur la période de « guerre froide » 1950-1989. A partir de 1993, les grands groupes à production militaire en ont profité pour réaliser de nombreuses fusions-acquisitions, et les cinq groupes les plus puissants reçoivent environ 40 % des commandes du Pentagone et la même proportion des crédits de recherche-développement militaire. Les guerres de la décennie 90 (Afghanistan, Irak, Serbie) n'y sont, bien sûr, pas étrangères : elles sont devenues de formidables terrains d'innovation technologique pour les industriels et les laboratoires de recherche américains, et ont servi à tester et améliorer de nombreux systèmes d'armes.

En 2001, le budget militaire des Etats-Unis atteignait 307 milliards de dollars ; celui de 2002 s'élevait à 339 milliards de dollars. L'objectif étant d'atteindre 451 milliards en 2007. Mieux que les guerres qui ne durent jamais assez longtemps, les actes du 11 septembre ont donné une formidable opportunité pour augmenter, dans un délire sécuritaire, les dépenses militaires dans des proportions inouïes (en puisant naturellement dans les excédents des comptes de la Sécurité sociale).

L'opacité qui entoure l'activité militaire et le culte conjoint du « confidentiel défense » et du secret d'Etat ne permettent pas d'accéder à des chiffres qui seraient édifiants. Il n'empêche que les ordres de grandeur des crédits consacrés aux armements sur l'ensemble de la planète laissent imaginer les quantités gigantesques d'énergie et de matières premières gaspillées dans une course suicidaire par une brochette de paranoïaques, mettant en évidence le caractère parasitaire des activités militaires, eu égard à l'ampleur des ressources financières et du potentiel humain qui pourraient être employés dans des secteurs contribuant à l'épanouissement de l'homme.

Le goût de cet immense gaspillage étant d'autant plus amer qu'une partie non négligeable de ces ressources payées par le contribuable se retourne contre ce contribuable. La sécurité du capital exige en effet des sommes toujours plus exorbitantes. Pour faire face aux mouvements sociaux initiés par ceux qui refusent de payer le prix de la mondialisation, les gouvernements renforcent les programmes destinés à la « guerre urbaine », c'est-à-dire dirigés contre les populations civiles qui manifesteraient leur opposition à l'ordre capitaliste. Faire payer au « citoyen » la balle qui risque un jour de lui être destinée relève en effet du grand art.

« Chaque fusil qui est fabriqué, chaque bateau de guerre lancé, chaque fusée qui éclate, signifie dans leur sens final un vol pour ceux qui ont faim et qui n'ont rien pour se nourrir, pour ceux qui ont froid et rien pour se vêtir. Le monde en armes ne dépense pas seulement de l'argent. Il dépense la sueur des travailleurs, le génie des scientifiques et les espoirs de ses enfants. » Cette citation n'est pas d'un antimilitariste aigri, mais du général Dwight D. Einsenhower, le 16 avril 1953.

Des politiques de transports au service du gaspillage

Après le domaine militaire, les transports constituent sans doute la deuxième source de dilapidation des ressources naturelles. Il s'agit de l'application pure et simple d'une logique économique. La deuxième moitié du XXe siècle s'accompagne d'une transformation considérable des systèmes de relation et d'échange, qui se traduit par une croissance importante, en tonnages bien entendu, mais surtout en distances parcourues par les marchandises et les hommes, et par conséquent en quantités d'énergie consommée, et aussi de matières premières (une chercheuse allemande a calculé qu'il y a 15 000 km dans un pot de yaourt, si l'on compte tous les parcours effectués par ses composants en incluant l'emballage).

L'augmentation des distances moyennes de transport est la caractéristique principale de cette nouvelle organisation spatiale du système de production et de consommation. Le caractère toujours plus multi (ou trans) national de beaucoup d'entreprises, ainsi que la spécialisation des unités de production vont conjuguer leurs effets à ceux d'une expansion démesurée des villes, pour engendrer un système délirant où le choix du calcul économique doit se conformer à la seule rentabilité du capital investi. Un système qui vise à transformer en quelques générations l'Europe en un gigantesque échangeur autoroutier et ferroviaire sous la pression constante des grands lobbies : secteur pétrolier, travaux publics, transports routiers, construction automobile.

Précisément parce qu'elle permet la plus grande consommation par kilomètre parcouru, l'automobile, dont Winston Churchill disait qu'elle était « le pire des désastres dans l'histoire de l'humanité », constitue l'outil le plus efficace, le plus redoutable dans la mise en œuvre de cette politique. L'omniprésence d'une publicité qui relève du conditionnement et la multiplication des transports inutiles ont assuré à la voiture individuelle la fonction de mythe du triomphe de la technologie. Triomphe n'est d'ailleurs pas un vain mot quand on connaît les performances réalisées : à Paris, la vitesse moyenne des voitures est de 14 km/h. On roulait plus vite au XIXe siècle !

Les conséquences d'un parc automobile mondial qui compte aujourd'hui 600 millions de véhicules atteignent des proportions alarmantes. Notons d'abord que la voiture engendre des coûts externes plus de quatre fois supérieurs à ceux du rail par voyageur/km. La liste des effets négatifs est longue : accidents (au niveau mondial, ce sont huit millions de personnes qui ont perdu la vie jusqu'en 1994, selon l'International Road Federation), pollution atmosphérique directe (indirecte aussi, sous la forme de marées noires, conséquences du transport des hydrocarbures), atteintes à l'environnement (en France, le remembrement concerne 50 000 ha par an pour les seules autoroutes !), risques liés aux changements climatiques, bruit, perte de temps due à la congestion de la circulation, influence sur le psychisme (agressivité, égoïsme), dégradation de la santé (stress et fatigue, cancer de la peau et des voies respiratoires).

Quelques chiffres démontreront, s'il en était besoin, que l'automobile est le mode de transport le plus irrationnel dans un système fondé sur ... la raison (celle du plus fort, il est vrai !).Le pétrole consommé dans les transports (sur la route avant tout) représente plus de la moitié du pétrole importé (la drogue asservissante qu'est la vitesse aggravant la situation puisque le seul fait de passer de 60 km/h à 100 km/h entraîne une augmentation des émissions d'oxyde d'azote de plus de 50 %). En France, pour ne citer qu'un exemple, 52 % des trajets automobiles s'effectuent sur des distances inférieures à 3 km, et plus du quart (26 %) sur des parcours avoisinant le km. Dans le même hexagone, chaque voiture parcourt en moyenne 18 000 km par an, avec un taux de remplissage de seulement 1,2 personne. A Paris, la voirie est occupée à 60 % par les voitures en stationnement. Globalement, une voiture consomme douze fois plus d'espace par personne transportée qu'un bus. Et même quand elle ne sert pas, la voiture pollue : à Londres, 10 % de l'essence utilisée est consommée par les voitures prises dans les embouteillages ! C'est pourquoi l'automobile doit être l'un des premiers enjeux de la décroissance. La décroissance des flux de transport de manière générale signifiant, entre autres, la relocalisation de l'économie et des échanges. Refuser la puissance, c'est refuser d'imposer à d'autres ce qu'ils n'ont pas voulu.

Pour justifier cette politique de fuite en avant, fondée sur l'obsession à vouloir aller toujours plus vite et toujours plus loin, il suffisait de décréter que les besoins ne cesseraient d'augmenter… en faisant en sorte qu'ils augmentent. C'est ainsi qu'un ministre de l'Equipement déclarait en 1991 : « Les transports de marchandises devraient, d'ici à 2010, augmenter globalement de plus de 50 % à l'intérieur de la France. Les transports de voyageurs devraient croître de 50 à 100 % selon les types et les modes de déplacement. » « …d'où un besoin important d'infrastructures nouvelles. » CQFD. On n'est jamais si bien servi que par soi-même !

Et bien entendu, le coût toujours plus élevé des équipements est supporté essentiellement par l'usager et le contribuable (qui sont souvent les mêmes !) Ce que confirme la Cour des Comptes en dénonçant « une gestion du système autoroutier qui se situe en dehors de toute logique économique, financière, juridique et comptable », ainsi que « des investissements publics massifs réalisés sans vote préalable du Parlement. »

Des politiques agricoles qui confinent à l'absurde

Le caractère irrationnel des politiques agricoles transparaît, de toute évidence, dans les échanges : la Nouvelle-Zélande expédie des pommes dans des régions d'Europe... où des pommes sont cultivées ! La Grande-Bretagne importe chaque année... à peu près autant de lait qu'elle en exporte ! On sait parfaitement qui a intérêt à ce que soient transportées sur de telles distances des aliments qui peuvent être (ou qui sont) produits localement ! Mais l'absurdité d'une telle organisation culmine peut-être dans le développement des filières « viande ».

Alors que dès la plus haute Antiquité, les céréales, avec les fruits, formaient la base de l'alimentation de la plupart des peuples, la consommation mondiale moyenne de viande a doublé ces cinquante dernières années. En 2001, le cheptel des animaux d'élevage comptait plus de vingt milliards de têtes (et si cette tendance devait se poursuivre, il serait de 36 milliards en 2050… pour neuf milliards d'humains). Or pour entretenir ce cheptel destiné à l'alimentation (chair ou sous-produits), il faut y consacrer des terres et des protéines végétales dont au moins une part pourrait être directement utilisée pour l'homme. Les quelques chiffres suivants (dont la plupart proviennent de la FAO elle-même) fourniront un aperçu du gaspillage vertigineux sur lequel repose l'agriculture capitaliste en développant prioritairement la filière viande, alors que celle-ci n'est absolument pas indispensable à l'alimentation humaine. Ainsi plus des trois quarts des terres agricoles sont consacrées aux animaux d'élevage ! 40 % des céréales cultivées dans le monde sont destinées à l'alimentation du bétail ! Pour récupérer une calorie d'énergie de la part d'un animal domestique, il aura fallu lui fournir sept calories d'origine végétale (soit une perte d'environ 86 % !) L'Europe utilise sept fois sa superficie agricole en terres du tiers monde pour produire de quoi nourrir son bétail ! Il faut plus de 9000 litres d'eau pour produire un kilo de viande en élevage intensif ! Entre autres parce que les politiques agricoles fondées sur une surconsommation de viande conduisent à une impasse, le capitalisme doit disparaître… et avec lui l'Etat qui obéit à la même logique que le capital qu'il est censé réguler.

Il faut le répéter inlassablement : **une économie significative d'énergie et de matières premières ne peut pas passer uniquement par quelques bonnes volontés individuelles** : l'aménagement du territoire, le développement du combiné rail-route, la remise en service de voies navigables et de petits canaux, l'extension des transports en commun, les parkings publics aux entrées des agglomérations, la réorganisation des villes en faveur des piétons et des cyclistes passent par une gestion collective de l'espace.

De même, le remplacement progressif des énergies fossiles non renouvelables par des énergies « de revenu » (solaire, éolien, biomasse, hydraulique), la mise en œuvre de technologies moins gourmandes en énergie, la rationalisation de la consommation d'énergie en matière de chauffage, de climatisation, d'éclairage ne peuvent provenir de quelques individus, même fortement motivés. Il faut noter, par ailleurs, que l'argument des gains de productivité dûs aux améliorations techniques (isolation, récupération, utilisation de matériaux adaptés…) est d'une perversité redoutable. L'effet du gain de ce qu'on appelle l' « éco-efficience » - c'est-à-dire la capacité à augmenter la production de biens tout en diminuant la consommation de matières premières et d'énergie – est souvent anéanti par un accroissement de quantités produites. En 1970, par exemple, avec un litre d'essence, on parcourait en moyenne 14 km en automobile, contre 25 en 1990. Fort bien ! Le seul problème est que, sous ce prétexte, on parcourt effectivement des distances de plus en plus longues ! ! A quoi sert de construire des voitures moins gourmandes si on allonge les distances parcourues ? A quoi sert de concevoir des lampes économes si on multiplie leur nombre ? Même les technologies de l'information et de la communication, qui devaient permettre de limiter la consommation de papier, ne tiennent pas leurs promesses : jamais autant de documents n'ont été imprimés.

La gestion (calamiteuse) actuelle des ressources planétaires relève de l'Etat et de l'entreprise privée. Et c'est pour cette raison qu'elle conduit aux gaspillages insensés, à l'absurdité thermodynamique qu'est le chauffage électrique. Seule une stratégie de rupture avec le profit et la concentration capitalistes peut ouvrir des perspectives. Le débat ne porte pas sur les modalités de la technique, mais sur les conditions socio-politiques, c'est-à-dire sur la maturité des populations, leur capacité à définir leurs propres besoins et à mettre en œuvre une organisation sociale apte à les satisfaire… sans compromettre ceux des générations futures. Quand cessera-t-on de trouver des solutions techniques à des problèmes philosophiques ? Parce que la tâche est ardue, elle nécessite l'implication de chacun. Il ne s'agit plus de « changer le pansement, mais de penser le changement » !

Dans un article du « Monde diplomatique » (novembre 2003), Serge Latouche écrit : « De même qu'il n'y a rien de pire qu'une société du travail sans travail, il n'y a rien de pire qu'une société de croissance sans croissance. C'est ce qui condamne la gauche institutionnelle, faute d'oser la décolonisation de l'imaginaire, au social-libéralisme. La décroissance n'est donc envisageable que dans une « société de décroissance » dont il convient de préciser les contours. (...) On voit tout de suite quelles sont les valeurs qu'il faut mettre en avant et qui devraient prendre le dessus par rapport aux valeurs dominantes actuelles. L'altruisme devrait prendre le pas sur l'égoïsme, la coopération sur la compétition effrénée, le plaisir du loisir sur l'obsession du travail, l'importance de la vie sociale sur la consommation illimitée, le goût de la belle ouvrage sur l'efficience productiviste, le raisonnable sur le rationnel (...) Vaste et utopique programme, dira-t-on ? La transition est-elle possible sans révolution violente, ou, plus exactement, la révolution mentale nécessaire peut-elle se faire sans violence sociale? (...) Toutefois, si le marché et le profit peuvent persister comme incitateurs, ils ne peuvent plus être les fondements du système. »

Encore un effort, M. Latouche, et on passera du pas hésitant du tango à la marche résolue. Encore un effort, et on progressera de la question à la réponse. **Et la nécessité d'une révolution sociale (violente ou non, c'est l'histoire qui témoignera) apparaîtra dans une clarté aveuglante.** Au-delà d'une contestation « citoyenne », « responsable » et « consensuelle », véhiculant une image rassurante de l'Etat régulateur, correcteur des excès du capitalisme, « instance neutre d'arbitrage », permettant l'acceptation implicite de l'ordre établi. Au-delà d'un univers où le catalogue de vente par correspondance a remplacé la bible, où le cerveau se vide à mesure que le caddy se remplit, où une prétendue « libération » ne peut que masquer lamentablement la dépendance et l'asservissement, où la consommation de l'objet induit la consumation du « sujet ».

Une autre société est possible, où la finalité n'est pas de vouloir tout tout de suite, où l'on résiste aux pulsions d'achat, aux conduites réflexes créées par le système, à la sur-activation du besoin, de l'envie, du désir, aux futilités de la consommation. Un autre monde est possible où la (re)conquête du temps personnel coïncide avec le refus d'être « à la mode », d'être « tendance », d'être « à la pointe ». Mais clairement pas dans le cadre du capitalisme !!

B- De la richesse et de la pauvreté

La question de la décroissance est particulièrement délicate à cerner parce qu'elle permet, si l'on s'en tient à des généralités, tous les amalgames, tous les malentendus, toutes les récupérations possibles. Si la discussion porte exclusivement sur la défense du pouvoir d'achat des individus, on en vient « naturellement » à justifier la croissance économique : plus le gâteau sera conséquent, plus les parts seront belles (ce qui pose aussi les limites du syndicalisme réformiste). Si, au contraire, on privilégie la notion de frugalité, on offre aux tenants du libéralisme l'opportunité de justifier les inégalités sociales, la pauvreté : que les pauvres restent pauvres… et ils ne nuiront pas aux équilibres écologiques !

Il faut être clair : si globalement, à l'échelle planétaire, il n'y a pas d'autre choix que celui de la décroissance physique, il est évident que, compte tenu du fait, dans les pays pauvres (comme d'ailleurs dans les classes défavorisées des pays industrialisés), que de nombreux besoins primordiaux ne sont pas satisfaits, il serait indécent d'exiger d'eux qu'ils se serrent un peu plus la ceinture. Construire des écoles, des hôpitaux, des logements, acheminer l'eau potable, améliorer les infrastructures rend indispensable, pendant une période transitoire, un minimum de croissance. Et ce, d'autant plus que ces pays seront confrontés pendant encore quelques décennies à une expansion démographique relativement importante.

La ruse majeure du capitalisme fut d'interpréter la pauvreté comme un manque de pouvoir d'achat, lequel devait être éliminé… par la croissance économique. D'où le cycle infernal des besoins jamais satisfaits, la civilisation du « prêt-à-jeter ». Une armée de spécialistes du marketing s'est employée à vendre de plus en plus d'objets inutiles à qui n'en avait pas besoin : jusqu'à faire craquer un Eskimo devant un frigo ! Le résultat, c'est un consommateur modelé par un système qui a fait de l'accumulation matérielle une fin en soi, et qui s'acharne à entretenir la confusion des valeurs : la possession au lieu de l'être, le paraître contre l'authenticité, la quantité au détriment de la qualité, l'acte consommatoire aux dépens de l'activité créatrice. Un consommateur-spectateur qui délègue la gestion de sa vie à autrui, et qui s'estime bien informé parce qu'il dispose de quarante chaînes de télévision !

Vivre simplement, c'est refuser de succomber aux signes extérieurs de richesse ou de prestige ; c'est diminuer certaines formes de consommation. C'est vivre mieux avec moins. C'est porter un regard différent sur les éléments : selon qu'on ouvre un robinet pour la voir couler ou qu'on doive parcourir quarante kilomètres pour aller la chercher, on ne peut avoir la même attitude face à la ressource en eau. Mais c'est aussi beaucoup plus, et sans pour autant sombrer dans l'ascétisme ! Car cette boulimie ne trouve-t-elle pas ses racines dans une insécurité intérieure, le mal-être, l'insatisfaction, le manque affectif engendrés précisément par cette société dite d'abondance ?

Vivre simplement, c'est non seulement ne pas « faire tourner le système » par des achats incontrôlés, mais c'est redéfinir la richesse, prendre conscience de la « vraie » valeur des choses (notion subjective, certes, mais suffisamment explicite), se libérer des préjugés et des croyances, établir de nouvelles priorités (la participation, la connaissance, l'attention aux autres, le soin, le sens de l'accueil, de la beauté, la créativité, la liberté...), se concentrer sur l'essentiel, c'est-à-dire la qualité des relations humaines, en résistant à la diversion, à l'hyperstimulation, au harcèlement. Modifier son rapport au temps en maîtrisant un rythme de vie délibérément effréné, donner un sens à sa vie par la recherche d'une cohérence. C'est, si les termes n'étaient galvaudés, tenter d'atteindre une certaine sérénité, une certaine sagesse en attribuant au bonheur une dimension collective. Parce que décidément, nous n'avons absolument pas d'autre choix que la solidarité. Dans un monde où 20 % de la population consomme 80 % des ressources planétaires, vivre simplement, c'est permettre à d'autres… de simplement vivre. La décroissance matérielle s'accompagnera d'une croissance relationnelle, d'une élévation de l'homme.

Kate Soper (citée par S. Latouche dans la revue « Silence » d'octobre 2002) résume assez bien ce que pourrait être une décroissance bien comprise : « Ceux qui plaident pour une consommation moins matérialiste sont souvent présentés comme des ascètes puritains qui cherchent à donner une orientation plus spirituelle aux besoins et aux plaisirs. Mais cette vision est à différents égards trompeuse. On pourrait dire que la consommation moderne ne s'intéresse pas suffisamment aux plaisirs de la chair, n'est pas assez concernée par l'expérience sensorielle, est trop obsédée par toute une série de produits qui filtrent les gratifications sensorielles et érotiques et nous en éloignent. Une bonne partie des biens qui sont considérés comme essentiels pour un niveau de vie élevé sont plus anesthésiants que favorables à l'expérience sensuelle, plus avares que généreux en matière de convivialité, de relations de bon voisinage, de vie non stressée, de silence, d'odeur et de beauté… Une consommation écologique n'impliquerait ni une réduction du niveau de vie, ni une conversion de masse vers l'extra-mondanité, mais bien plutôt une conception différente du niveau de vie lui-même. »

VI- La question démographique

L'empreinte écologique de l'humanité sur la biosphère étant le produit du niveau de vie (c'est-à-dire la quantité, la qualité et la nature de la consommation, d'un côté ; la technologie employée, de l'autre) par le nombre d'habitants, le problème démographique revêt aussi une grande importance. Même s'il est difficile de déterminer les « responsabilités » respectives : par exemple, l'essentiel du doublement de la consommation de bois de chauffage est dû à la croissance de la population, alors que la surconsommation du papier est surtout imputable à la hausse des niveaux de vie.

A- Une explosion lourde de menaces

Pendant longtemps, l'espèce humaine s'est développée à un rythme lent (depuis le néolithique, on estime que la population doublait, en moyenne, tous les mille six cents ou mille sept cents ans). En l'an 1000, il y a environ 250 millions d'hommes. Entre 1200 et 1500, le cap des 400 millions est franchi. En 1600, on estime l'effectif de l'humanité à 580 millions ; en 1700, à 770 millions ; en 1800, à 900 millions. Le premier milliard est dépassé aux environs de 1820 ; le deuxième un siècle plus tard, vers 1925. C'est après que le phénomène va s'accélérer, à tel point qu'au cours du dernier demi-siècle, la population du globe va plus que doubler, passant de 2,5 milliards en 1950 à six milliards en 2000 (ce cap aurait été franchi officiellement le 12 octobre 1999). C'est-à-dire que la population mondiale a davantage augmenté depuis 50 ans que pendant les quatre millions d'années qui se sont écoulés depuis l'apparition de l'homme. Par ailleurs, l'inégale répartition de cette population aggrave le phénomène : 38 % de la population du globe vit dans deux pays : la Chine et l'Inde.

1- Des perspectives plus rassurantes ?

Par rapport aux hypothèses envisagées vers le milieu du XXe siècle, qui prévoyaient une augmentation galopante de la population, la situation semble moins dramatique. Le rythme de croissance de cette population mondiale diminue depuis les années 60 (2,3 % en 1963 contre 1,3 % en 1998), avec d'importantes disparités. Ce qui laisse espérer une estimation à neuf milliards plutôt qu'à douze milliards vers 2050 (9,322 milliards selon les Nations Unies). Et même une stabilisation, peut-être pour la fin du siècle, puisque vers 2020-2030, le taux de fécondité (qui s'obtient en divisant le nombre d'enfants nés vivants au cours d'une période par le nombre de femmes en âge de procréer) serait de 2,2 enfants par femme, c'est-à-dire très proche du taux de remplacement.

Dans une trentaine de pays, représentant 12 % des habitants du globe, la population est pratiquement stabilisée. A l'exception du Japon, ces pays sont tous situés en Europe. Certains (Russie, Allemagne) s'orientent même vers une diminution de leur population au cours du demi-siècle à venir. A l'opposé, d'autres pays sont d'ores et déjà promis à un doublement ou à un triplement de leur population au cours de la même période (Ethiopie, Nigeria, Congo, Tanzanie, Pakistan…)

2- Le problème demeure

« La prévision est un art difficile, surtout lorsqu'elle porte sur l'avenir », disait un économiste. Même si les prévisions sont moins alarmantes, la nécessité de stabiliser la population mondiale reste une urgence et n'éloigne pas définitivement les craintes. Ne serait-ce que parce qu'une partie des baisses enregistrées est davantage due à une hausse de la mortalité qu'à une baisse des taux de fertilité (multiples conflits armés meurtriers, extension rapide du SIDA _ jusqu'à présent, plus de 12 millions de morts ; 30 millions de personnes étant infectées _, réapparition de maladies plus anciennes comme la malaria ou la tuberculose).

Hervé Le Bras rappelle à juste titre dans « Les limites de la planète » (Flammarion, 1994) que les « grandes cicatrices » historiques ont été laissées, non pas par l'hostilité de la nature, mais par de grands événements politiques (la guerre de Trente ans en ce qui concerne l'Europe centrale, la conquête espagnole pour l'Amérique centrale et du Sud, la traite des esclaves quant à l'Afrique). Il n'empêche que le lien entre les limites naturelles et l'augmentation de la population devient de plus en plus perceptible. En premier lieu, dans le domaine alimentaire. Certains pays ont su conjuguer une augmentation des récoltes de céréales (base de l'alimentation partout dans le monde) et une croissance ralentie de leur population. Cependant, les chiffres sont là. Tout d'abord, les surfaces cultivables par personne se sont réduites de moitié depuis 1950, passant de 0,24 à 0,12 ha. En supposant que la surface globale reste constante, ce chiffre tombera à 0,08 ha en 2050, posant le problème grave de la capacité de certains pays à s'auto-alimenter. Par ailleurs si, de 1950 à 1984, l'augmentation de la récolte de céréales a largement dépassé celle de la population (la production par personne est passée de 247 à 362 kilos), entre 1984 et 1998, le phénomène s'est inversé, et la production par personne est redescendue à 312 kilos.

Ce ralentissement de la production mondiale est dû à la pénurie de nouvelles terres (l'urbanisation grignote chaque année des millions d'hectares), à une expansion moins rapide de l'irrigation (concurrence des usages industriel et domestique) et de l'emploi des engrais (rendements décroissants). Même s'il est vrai, par ailleurs, que l'amélioration des conditions de stockage des aliments (silos étanches et secs empêchant les pertes dues aux mulots, aux rats ou aux charançons) pourrait augmenter sensiblement les réserves disponibles.

Aujourd'hui, les limites des superficies cultivables sont atteintes : toute augmentation future de la production de céréales ne peut provenir que de nouveaux gains de productivité de la terre. Or la hausse de la productivité des terres à céréales est tombée à moins de 1 % par an entre 1990 et 1997.

Parce que les océans sont surexploités, la pêche maritime subit le même sort. De 1950 à 1988, elle s'est considérablement accrue, et surtout plus vite que la population (passant de 8 à 17 kilos par personne). Mais depuis, la situation s'est dégradée : entre 1988 et 1997, le volume des prises par personne a chuté de 4 % environ. Les prochaines décennies verront se confirmer les tendances actuelles : disparition de certaines espèces, baisse de la qualité des produits, prix en hausse, aggravation des conflits pour l'accès aux zones de pêche.

Problème sous-estimé aujourd'hui, la pénurie d'eau est pourtant annoncée depuis longtemps par certains spécialistes. En raison de la croissance de la population, le volume d'eau disponible par personne diminuera de 73 % entre 1950 et 2050, entraînant des répercussions dont personne ne peut soupçonner l'ampleur. Selon les projections faites par David Seckler (de l'International Water Management Institute), un milliard de personnes vivront en 2025 dans des pays souffrant d'une pénurie totale d'eau.

Dans le contexte d'un système capitaliste qui n'a cessé de provoquer le gaspillage, la « prospérité » engendre une utilisation plus forte de matières premières. Entre 1963 et 1995, l'emploi des matières premières dans le monde a beaucoup progressé (de 141 %) alors que la population mondiale n'augmentait que de 77 %.

Sachant que les pays industrialisés rejettent beaucoup plus de déchets, et surtout de déchets dangereux, la croissance de la population mondiale dans son ensemble (environ trois milliards d'ici 2050) ne peut qu'aggraver les problèmes déjà sérieux d'élimination de ces déchets, avec tous les risques sanitaires qui en découlent.

Si les incidences négatives d'un fort accroissement de la population affectent de manière de plus en plus évidente les capacités biologiques de la planète, les phénomènes sociaux n'échappent pas à l'emprise de la surpopulation.

Le niveau de l'emploi notamment souffre d'une augmentation importante de la population. Les enfants d'aujourd'hui étant les travailleurs potentiels de demain, la relation entre croissance de la population et nombre d'emplois à créer est plus cruciale dans les pays où la population jeune est nombreuse. La main-d'œuvre au Moyen-Orient et en Afrique du Nord doublera dans les 50 prochaines années. En Asie, les préoccupations sont identiques : au Pakistan, la main-d'œuvre disponible passera de 70 millions en 1998 à 199 millions en 2050 ; en Inde, au cours des 25 prochaines années, elle augmentera de près de dix millions chaque année. Or l'augmentation du nombre de chômeurs est toujours synonyme de pauvreté, souvent de famine. Un volant important de chômage constituant toujours une arme du patronat en lui permettant d'imposer ses conditions.

De nombreux autres problèmes sociaux résulteront pendant longtemps encore de choix budgétaires prisonniers du contexte démographique.

- L'enseignement : même si le rythme de croissance démographique ralentit, la population d'âge scolaire continuera à augmenter sensiblement dans de nombreux pays. Avec 900 millions d'adultes illettrés dans le monde, la mise en œuvre d'un enseignement primaire, puis secondaire, représente un défi déjà trop lourd.
- Le logement : parce qu'un nombre croissant d'individus n'a pas les moyens d'accéder à un logement décent, 600 millions au moins d'habitants des villes et plus d'un milliard de zones rurales en Afrique, en Asie et en Amérique latine vivent dans des logements insalubres et des taudis, mettant parfois leur santé et leur vie en danger. Or, selon les prévisions de l'ONU, les besoins mondiaux en logement devraient presque doubler pendant les cinquante années à venir.
- Les tensions sociales et conflits : même si la croissance démographique n'est pas à elle seule facteur de violence, lorsqu'elle conjugue ses effets à la pauvreté, aux inégalités, aux « fractures » sociales, elle rend la « paix sociale » beaucoup plus fragile. Principalement dans les pays du tiers monde, les conflits sont fréquents lorsqu'une croissance rapide de la population engendre ou accentue une pénurie de terres, de produits alimentaires, d'eau, de logements, d'emplois.

La guerre elle-même devient une « nécessité », une « soupape de sûreté » par rapport au phénomène de surpopulation. Nelly Roussel écrit, dans « La Voix des Femmes » : « Il reste évident qu'un peuple trop nombreux, qui a besoin d'expansion, est poussé à la conquête, à la colonisation, à l'impérialisme sous toutes ses formes… » Maurice Laisant, lui, écrit dans « La Rue » : « Lorsque les gouvernements ne peuvent plus satisfaire aux besoins élémentaires des populations excessives qu'ils ont appelé de leurs vœux et de leurs encouragements, lorsqu'ils ne peuvent plus dénouer les crises engendrées par ce surnombre d'humains, ils n'ont plus que le recours de lancer leurs peuples dans des expéditions guerrières, tant pour écouler le trop-plein des populations que pour créer de nouveaux emplois en raison des ruines accumulées. »

B- Une régulation au service de qui ?

Longtemps, la régulation numérique de l'espèce humaine fut synonyme de fléau : les famines, les grandes épidémies (souvent dues aux guerres d'ailleurs, plus qu'à l'insuffisance des récoltes) décimaient les populations. Ce sont ensuite les religions, les institutions obscurantistes qui imposèrent leurs valeurs à ceux qui prétendaient maîtriser leur fécondité. Le bonheur et l'épanouissement individuel de tous n'a jamais constitué un objectif pour les classes dirigeantes.

Il faut souligner la responsabilité de ceux qui, sous les prétextes les plus fallacieux, se sont acharnés à orienter, à contrôler les comportements (notamment par l'instrumentalisation des femmes), le plus souvent en favorisant des politiques natalistes : la conquête de nouveaux territoires, le désir de colonisation constituaient souvent le mobile principal. Sans tomber dans la paranoïa d'un Mao qui voyait dans une population nombreuse une arme décisive dans la lutte contre le capitalisme, plusieurs Etats (France de l'entre-deux guerres, Allemagne et Italie de la même époque, Europe de l'Est dans les années 1960-1970...) ont favorisé l'accroissement démographique, conçu comme un facteur de puissance, en combinant des mesures coercitives comme la répression de l'avortement et des mesures incitatives, telles que les allocations familiales. Une affiche française de propagande nataliste, parue en 1926, indiquait : « Les grandes familles assurent la paix. Les petites familles préparent la guerre », et « L'Allemagne ne nous aurait pas attaqués en 1914 si nous avions été dix millions de Français de plus » ! !

A ceux (celles) qui dramatisent le phénomène du déclin et du vieillissement pour justifier, entre autres, les attaques contre les retraites, il convient de rappeler, premièrement, que les enfants constituent une charge économique pendant vingt ans (voire plus) avant de fournir un rapport pour la communauté, deuxièmement, que tout jeune est un vieillard en potentialité, et donc que réclamer un surnombre de jeunes aujourd'hui, c'est alourdir l'avenir d'un surnombre de vieillards. Toujours cette terrifiante fuite en avant !

Plus rarement dans l'histoire, les politiques démographiques ont œuvré en sens contraire. En France, après 1789 par exemple, les dirigeants politiques considéraient qu'une population relativement importante pouvait devenir dangereuse pour le maintien de leur pouvoir.

Ce n'est que vers le milieu des années 70 que l'intervention de l'Etat vise à réduire la fécondité là où elle est jugée trop forte. Entre le cas de la Chine (et également de l'Inde) où la chute de la fécondité a été obtenue par la coercition (retard des mariages, séparation des conjoints, stérilisations et avortements forcés, système de sanctions et de récompenses, pression sociale...) et celui de Hong-Kong ou de Taïwan où la baisse importante provient essentiellement de l'accès à la prospérité, les stratégies les plus diverses ont été appliquées.

Aujourd'hui, compte tenu des risques écologiques et sociaux (et de l'instabilité politique qui pourrait en découler), que représente l'accroissement démographique (même ralenti), surtout dans les pays du tiers monde, la menace la plus lourde qui pèse sur les pauvres, c'est-à-dire les plus nombreux, c'est leur élimination physique dont rêvent, sur la planète, un certain nombre de détenteurs du pouvoir, économique ou politique.

1- L'eugénisme, instrument de contrôle social

Bien entendu, le problème n'est pas nouveau. « Nous sommes en train d'inventer un eugénisme soft » : cet avertissement est de J. Testart, directeur de recherches à l'INSERM. On a souvent tendance à assimiler eugénisme et nazisme. Or l'eugénisme, dont le terme a été créé en 1883, n'est pas du tout un phénomène marginal mais massif et très répandu dans la première moitié du XXe siècle ; ces thèses étant défendues par de nombreux biologistes, médecins, élus, d'opinions politiques et philosophiques variées. L'eugénisme est lié à des idées de déclin et de dégénérescence : on voit en lui le substitut à une sélection naturelle qui ne joue plus dans les sociétés humaines. Invoquer la dégénérescence des classes pauvres dédouanait le capitalisme industriel de ses responsabilités en la matière. Or ce sont bien les terribles conditions de vie et de travail imposées par la révolution industrielle dans la seconde moitié du XIXe siècle qui ont créé des difficultés sociales et une dégradation de la santé publique (maladies contagieuses, alcoolisme, prostitution, maladies mentales, criminalité), phénomène rendu beaucoup plus visible du fait de la concentration dans les villes.

C'est aux Etats-Unis qu'apparaît d'abord l'eugénisme, à une période où l'élite craint de perdre les commandes du système économique et politique face à la pauvreté et à l'agitation sociale. L'eugénisme fournissait à la fois une explication « scientifique » aux problèmes économiques et sociaux, l'hérédité, et une méthode non moins « scientifique » pour les résoudre, la stérilisation. L'Indiana fut le premier Etat à promulguer une loi en 1907 qui rendait obligatoire la stérilisation des criminels avérés, des imbéciles, des idiots et d'autres catégories de citoyens accueillis par les établissements correctionnels ou sanitaires, après approbation par un jury d'experts. En 1931, trente Etats avaient voté des lois sur la stérilisation, et des milliers de citoyens américains avaient fait l'objet d'une « solution chirurgicale ».

Par ailleurs, le test de mesure de certaines aptitudes mis au point par Alfred Binet, et introduit aux Etats-Unis en 1916, est détourné de ses objectifs initiaux : il devient un moyen d'identifier les individus génétiquement « défectueux » et est utilisé en Angleterre et aux Etats-Unis pour détourner le plus grand nombre des enfants issus de la classe ouvrière vers des filières scolaires courtes.

L'eugénisme se développera plus tard dans d'autres pays : la Suisse et le Canada avaient des lois eugénistes depuis 1928, le Danemark depuis 1929, l'Allemagne depuis 1933, la Norvège depuis 1934, la Suède depuis 1935 (on estime qu'il y a eu, dans ce pays, entre 1935 et 1976, environ 60 000 stérilisations, alors qu'en Allemagne, ce sont plusieurs centaines de milliers de malades mentaux et de vieillards qui ont été exterminés).

Si ces pratiques semblent révolues, on voit aujourd'hui resurgir, parallèlement aux progrès du génie génétique, une sociobiologie qui contribue à préparer un climat culturel favorable à l'avènement d'une société eugénique. La sociobiologie fait la part belle à l'inné au détriment de l'acquis. Certains chercheurs affirment même que pratiquement toutes les activités humaines sont, d'une façon ou d'une autre, conditionnées par notre bagage génétique. Ils estiment que les tentatives de réformer le système économique et social constituent au mieux un simple palliatif et au pis une perte de temps. Les causes des inégalités sociales, de la pauvreté, de l'exclusion se trouvent dans les gènes.

L'objectif n'est pas d'améliorer l'humanité, préoccupation populationnelle, mais d'empêcher la naissance d'êtres dont la vie ne mériterait pas d'être vécue, préoccupation individuelle. Il faut savoir que F. Crick (prix Nobel en 1962, avec Watson, pour sa découverte de la structure de l'ADN) a pu déclarer : « Aucun enfant nouveau-né ne devrait être reconnu humain avant d'avoir passé un certain nombre de tests portant sur sa dotation génétique (…) S'il ne réussit pas ces tests, il perd son droit à la vie. »

Cette conception progresse de manière tellement sensible que des scientifiques eux-mêmes sont tentés de mettre en garde l'ensemble de l'opinion. Ruth Hubbard, professeur de biologie à l'université de Harvard, écrit : « Il s'agit en partie d'une réaction conservatrice contre les acquis du mouvement pour les droits civiques et du mouvement féministe. Ces mouvements ont insisté sur l'importance du milieu dans la formation de notre identité en défendant l'idée que, si les femmes, les Noirs et d'autres groupes jouissent d'un statut inférieur dans la société américaine, c'est à cause des préjugés dont ils sont victimes, et non de leur infériorité naturelle. Les conservateurs n'ont pas manqué d'acclamer les découvertes scientifiques qui semblent démontrer l'existence de différences innées dont ils peuvent se servir pour expliquer l'ordre social existant. »

Pour sa part, le docteur Jonathan Beckwith, de Harvard également, écrit : « L'insistance sur la seule génétique comme facteur explicatif des maladies et des problèmes sociaux tend à détourner l'attention de l'opinion des autres approches de ce type de problème (…) L'explication génétique de l'intelligence, de la différenciation des rôles sexuels ou de l'agressivité tend à absoudre la société de toute responsabilité à l'égard des inégalités qu'elle nourrit, au plus grand bénéfice de tous ceux qui ont un intérêt au maintien des inégalités. »

2- Le contrôle des populations

Le moyen le plus sûr de contrôler un individu, et à plus forte raison, une population, c'est de l'anéantir ! Il faut E-LI-MI-NER ! On connaît à peu près la pratique nazie d'élimination des prisonniers de guerre soviétiques et des populations juives d'Europe, qui consistait à affamer ces populations civiles : ce sont plus de trois millions d'hommes et de femmes qui ont été assassiné(e)s. On connaît les pratiques criminelles à l'encontre de ceux dont l'hérédité constitue un « fardeau » pour la société. On connaît beaucoup moins les théories de réduction massive des populations, qui peuvent prendre des visages très différents.

Et pourtant, la faim est aujourd'hui devenue une arme de guerre redoutable dans de nombreux pays. Sylvie Brunel écrit, dans « La faim dans le monde » : « Plus de 100 millions d'êtres humains sont morts de faim au cours des cent dernières années, lors de famines particulièrement meurtrières, dues à des choix politiques délibérés, à une volonté de contrôle total de la société, ou à la décision d'éliminer des minorités. »

« Le militantisme eugéniste a trouvé à s'occuper en s'orientant vers une nouvelle forme de malthusianisme », écrit André Pichot, directeur de recherche au CNRS, dans « La société pure : de Darwin à Hitler » : le contrôle de la population mondiale, notamment grâce à Frederick Osborn (un ancien compagnon de Laughlin), et avec le soutien de la Fondation Rockefeller ». Fondation Rockefeller dont l'objectif est de développer les outils de connaissance et d'action sur le vivant permettant le contrôle biologique de l'humanité, qui s'est faite le promoteur principal des programmes de réduction des populations auprès des Nations Unies, qui s'implique dans de nombreux domaines médicaux (psychiatrie, génétique), et dont J.-P. Berlan, chercheur à l'INRA, a pu dire qu'elle développe depuis maintenant soixante ans « l'instrumentalisation réductionniste du vivant ».

Un auteur américain, William Vogt, dans « La faim du monde », popularise ces thèses dans les années 1950. Ce bon apôtre se livre à une description apocalyptique de la situation écologique et de la surpopulation (même si ces problèmes sont effectivement d'une extrême gravité), en regrettant que, par la protection des faibles, la société et la médecine multiplient la population au-delà des capacités nourricières du sol. Dans cet ouvrage qui prône le « contrôle écologique des naissances », on peut lire : « Une guerre bactériologique à grande échelle serait un moyen efficace, si elle était énergiquement menée, de rendre à la terre ses forêts et ses pâturages », et plus loin : «L'un des biens essentiels du Chili, le plus grand peut être, est le taux élevé de sa mortalité ».

3- L'éradication des pauvres

Si ces élucubrations n'étaient l'œuvre que de quelques illuminé(e)s, l'inquiétude ne serait pas justifiée. Mais ce n'est pas le cas. Dans le sillage des théories de Malthus, le Club de Rome, fondé en 1968, popularise les notions de limites de la planète. Groupe multinational, « non politique », réunissant des scientifiques, des économistes, des universitaires, des fonctionnaires, des industriels, il se fixe pour but de trouver et proposer aux décideurs politiques des solutions pratiques aux problèmes planétaires. A partir de phénomènes constatés (épuisement des sols, gaspillage des ressources énergétiques, accumulation des déchets, raréfaction de l'eau potable), des questions sont posées : notre planète est-elle trop peuplée ? Les équilibres environnementaux sont-ils en péril ?

Dans cette mouvance, certains s'interrogent sincèrement, sans arrière-pensée, sur le problème effectivement grave de l'interaction entre l'homme et son milieu. Mais d'autres n'utilisent ce discours catastrophiste sur les limites physiques de la biosphère que pour légitimer l'extermination des populations les plus pauvres, les plus démunies, en jouant perfidement sur les peurs collectives.

Un mémoire de Henri Kissinger (une des plus sinistres crapules de la fin du siècle dernier), intitulé « Incidences de la croissance de la population mondiale sur la sécurité des Etats-Unis et sur ses intérêts outre-mer », daté du 10 décembre 1974, est resté secret jusqu'au 31 décembre 1990, date à laquelle il a été mis à la disposition de ceux qui le demandaient. C'est la peur d'une explosion démographique dans un tiers monde « socialiste-communiste » et la menace qu'elle représentait pour la suprématie blanche, son idéologie et son expansion capitaliste à l'étranger qui a constitué le détonateur.

L'idée de base de ce mémoire est que « pour perpétuer l'hégémonie américaine du monde et assurer aux américains un libre accès vers les minéraux stratégiques de l'ensemble de la planète, il est nécessaire de contenir, voire de réduire, la population des treize pays du tiers monde (Inde, Bangladesh, Nigeria…) dont le poids démographique à lui seul les condamne, pour ainsi dire, à jouer un rôle de premier plan en politique internationale ». Pour atteindre ce but, il faut faire accepter les méthodes de contrôle des naissances par les leaders du tiers monde, grâce à l'insinuation politique (en prenant garde que de telles pressions n'apparaissent comme une « forme d'impérialisme économique ou racial » ! !). Et si ce plan s'avère inefficace, il faudra recourir à des méthodes plus coercitives.

Le Département d'Etat de l'administration Carter _une administration traumatisée par tout ce qui relevait de la « sécurité nationale » _ publiait un rapport où on pouvait lire : « Depuis des siècles, des millions de pauvres ont accepté leur sort avec résignation dans la plus complète apathie politique. La situation est en train de changer. A mesure que les moyens de communication se développent, l'idée qu'une vie meilleure est envisageable fait son chemin. Il faut s'attendre à ce que certains, dans la hâte d'un changement radical, aient recours à la violence, au terrorisme même. Il existe un réel danger de voir la violence monter et s'étendre tant qu'on n'aura pas trouvé des moyens plus efficaces pour améliorer les conditions de vie des masses » ! ! !

Il faut savoir que Mme Margaret Sanger, fondatrice du Family Planning, grande admiratrice de Hitler, a pu écrire : « Toutes les misères de ce monde sont imputables au fait que l'on permet aux irresponsables ignorants, illettrés et pauvres de se reproduire sans que nous ayons aucune maîtrise sur leur fécondité » ! ! et aussi : « Le prolétariat n'a que lui-même à blâmer pour sa déchéance : il cesserait d'être prolétaire s'il cessait de se multiplier » ! ! ! Et le Dr M. King, un des responsables des stratégies démographiques, a pour sa part, tenu les propos suivants : « essayez le planning familial, mais si cela ne marche pas, laissez mourir les pauvres parce qu'ils constituent une menace écologique » ! ! !

Après un demi-siècle de croissance fulgurante, le capitalisme a créé le chaos économique et social dans les pays du tiers monde, marginalisant ou même condamnant à mort, à l'aide des plans d'ajustement structurel du FMI (dévaluation des monnaies, gel des salaires, privatisation des industries, augmentation des prix des denrées alimentaires, réduction des budgets sociaux…), un nombre croissant d'individus. Aujourd'hui, la ruine économique, l'extrême pauvreté, le désœuvrement, le désespoir ont créé une situation explosive. L'impasse dans laquelle les pays pauvres se trouvent enfermés, ce sont des millions de personnes qui n'ont plus rien à perdre, ce sont les tentations de céder aux pires extrémités de la haine et du fanatisme, c'est le développement rapide des clans mafieux. Le pauvre est perçu comme un facteur de risque (immigration, terrorisme…) ; ce potentiel d'explosion servant, à travers tous les amalgames possibles, à justifier la montée de l'idéologie sécuritaire.

Ce contexte de tensions redoutables menace le capitalisme dans ses fondements. Un capitalisme de plus en plus incertain de pouvoir encadrer et gérer une misère qu'il a lui-même engendrée, de contenir les débordements possibles de quatre milliards d'individus qui pourraient aspirer légitimement au train de vie américain, alors que les ressources de la planète ne le permettent pas ! ! Le Nord doit tout mettre en œuvre pour éviter que le Sud ne l'entraîne avec lui dans sa chute ! C'est le thème abordé par Suzan George dans « Le rapport Lugano ». Pour sa seule survie, le capitalisme ne peut continuer à tolérer la présence de milliards d'humains « superflus ». Puisqu'il ne peut fonctionner de manière optimale selon les conditions démographiques prévisibles, alors ce sont ces conditions qu'il lui faut modifier. Ramener la population à deux, trois ou quatre milliards ? C'est selon la fiabilité des modèles mathématiques ou le degré d'optimisme de leurs concepteurs !

Puisqu'il ne peut plus combattre la pauvreté, le capitalisme éliminera les pauvres ! Les fractions de populations « non solvables », se situant hors marché, les individus non productifs qui ne participent pas à l' « effort global », n'intéressent plus les multinationales, notamment agroalimentaires. D'où les stratégies criminelles des grandes firmes, les réponses cyniques des technocrates, les méthodes barbares envisagées, et déjà utilisées : famines provoquées, épidémies, génocides, stérilisations forcées, eugénisme… Il faut savoir que pour certains, refuser de combattre la faim ou laisser se développer le SIDA constitue une noble tâche d'ordre écologique : « permettre à la nature de retrouver son équilibre » ! Malheureusement pour ces assassins, il n'est pas sûr que la multitude des pauvres, des exclus, des « morts vivants » se laisse tranquillement mourir de faim.

Le problème posé n'est donc plus de s'interroger sur l'aspect mathématique des variations de l'effectif de l'espèce humaine : celle-ci doit impérativement parvenir dans le siècle présent à une stabilisation de sa population. La question centrale est de savoir si ce mouvement sera imposé par les événements, par des politiques autoritaires, par des méthodes fondées sur la coercition, voire sur la barbarie, ou s'il résultera d'un choix volontaire, refusant que le désir de procréation ne devienne programmable par une prétendue élite éclairée.

Le cheminement de l'homme, notamment par l'évolution technique, ayant causé la disparition de tous ses prédateurs naturels, l'espèce humaine a couvert l'ensemble de la planète et se trouve désormais confrontée à son propre envahissement. Il s'agit de répondre à un défi biologique, de porter un regard lucide sur les problèmes que pose la survie de l'humanité. La maîtrise démographique n'est évidemment pas le seul élément déterminant dans la construction de l'avenir. Les limites de la planète pourraient être atteintes par une population stationnaire qui persisterait dans la voie productiviste. Mais cette maîtrise constitue un préalable à la résolution de problèmes aussi graves que la pollution, la pauvreté, l'urbanisation sauvage… Pour que cette maîtrise soit le résultat du libre arbitre d'adultes responsables, il importe de généraliser rapidement le débat crucial sur les relations complexes entre environnement et population.

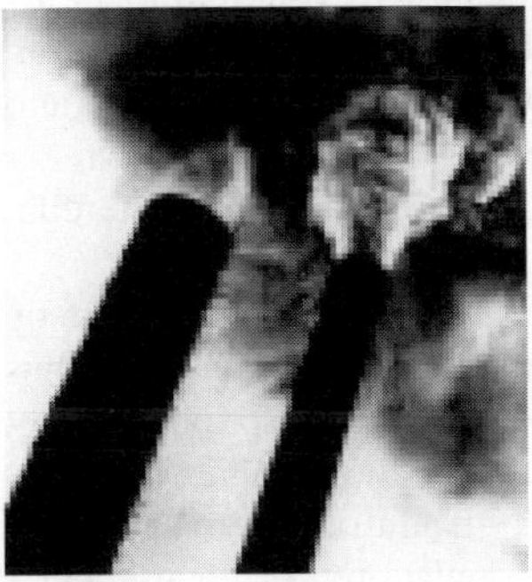

VII- Le projet anarchiste face à la planète

Parce que le combat anarchiste s'est toujours situé au cœur des luttes sociales, et aussi parce que les problèmes proprement écologiques ne se posaient pas ou pas avec la même gravité à la fin du XIXe et au début du XXe siècle, la littérature et l'histoire anarchistes ne comportent que relativement peu de références à des positions précises par rapport à une philosophie de la nature.

Les préoccupations dans ce domaine sont cependant loin d'être inexistantes. **Les liens qui unissent l'homme et la planète sont évoqués chez Bakounine :** « L'homme, cet être raisonnable qui aime tant à vanter son libre arbitre, ne peut néanmoins se rendre indépendant des climats et des conditions physiques de la contrée qu'il habite. Notre liberté, dans nos rapports avec la Terre, consiste à reconnaître ses lois pour y conformer notre existence. »

Ces préoccupations d'ordre environnemental sont sans doute **plus perceptibles à travers l'œuvre du géographe qu'était Elisée Reclus.** Conscient des bienfaits que la science est susceptible d'apporter à l'humanité mais aussi des dangers du pouvoir détenu par les experts, conscient également de l'action réciproque et permanente entre l'homme et son milieu, il se montre favorable aux conventions de protection de la faune et de la flore, ainsi qu'aux parcs nationaux. Manifestant un amour pour la nature qui transparaît dans le lyrisme de ses écrits, il dénonce la destruction des forêts, des sols, des dunes, des marais.

Deux mouvements spécifiques vont permettre d'exprimer plus concrètement des sensibilités qui, à l'époque, sont loin d'être majoritaires : les naturiens et les néo-malthusiens.

⋆ Les naturiens

Courant anti-scientifique apparu à la fin du 19e siècle chez les anarchistes, les naturiens dénoncent la déforestation, le machinisme, la civilisation, la ville (pour eux, la destruction de la nature ne date d'ailleurs pas d'aujourd'hui, mais de l'apparition de l'agriculture au néolithique). La « décadence » qu'engendrent urbanisation et industrialisation (atmosphère étouffante et malsaine des grandes villes, pénibilité du travail…) rend indispensable une « régénération » de l'individu et de la société par un retour à la nature.

Il n'est donc pas surprenant que cette réaction à la peur de voir les « vices » de la modernité corrompre le corps humain et, à travers lui, le corps social, se manifeste prioritairement par une préoccupation relative à l'état de santé de la population. La médecine officielle elle-même se trouve remise en cause, non seulement parce qu'elle ne s'attaque qu'aux effets, négligeant les causes, mais aussi parce qu'elle véhicule le pouvoir de ceux qui la pratiquent.

Pendant plusieurs années, les naturiens vont multiplier les réunions dans le but de vulgariser leurs idées, et assurer diverses publications. Ce qui est constamment encouragé, c'est la prise en main par chacun de sa propre santé, ce sont de nouvelles pratiques sociales ((les naturiens seront, notamment, à la pointe de la lutte anti-alcoolique : « Enivrez-vous d'idées, camarades, et non de gnôle » !). Plus généralement, c'est le retour à une vie naturelle autosuffisante.

⋆ Les néo-malthusiens

Cependant, c'est peut-être la question démographique qui constitue le débat le plus vif au sein de la mouvance anarchiste, par le combat des néo-malthusiens. C'est en effet à Malthus que l'on doit d'avoir posé, dans son « Essai sur le principe de population » paru en 1798, le plus clairement le problème de la population. Si le malthusianisme se trouve mis en sommeil pendant près d'un siècle, le mouvement néo-malthusien va relancer cette épineuse question de l'évolution respective des ressources et des populations. Et notamment Paul Robin, dès 1896, engage un combat en faveur des thèses de Malthus. Un combat qui sera loin de faire l'unanimité dans le milieu anarchiste, même si le mouvement révolutionnaire et syndical dans son ensemble finira par se rallier progressivement à ces idées.

Beaucoup de libertaires s'opposaient à cette théorie parce qu'elle émanait d'un religieux, et aussi parce qu'ils étaient convaincus qu'une classe ouvrière plus nombreuse pourrait plus efficacement s'opposer au patronat. En traitant le néo-malthusianisme de « grande mystification », Elisée Reclus lui-même témoigne de façon surprenante de la superficialité avec laquelle ce problème fut abordé.

Dans leur période la plus active, de 1898 à 1914, les néo-malthusiens vont publier et répandre une grande quantité de matériels : revues, périodiques, brochures, affiches... Certains (Eugène et Jeanne Humbert) vont aussi assurer la vente de produits anticonceptionnels. Ce qui provoquera une réaction acharnée des « lapino-bellicistes » présents en masse dans les pouvoirs publics : traques, perquisitions, emprisonnements, et le vote, en 1920, devant une Chambre quasi déserte, d'une loi contre la propagande néo-malthusienne. Si le problème de l'avortement est alors très peu abordé, c'est parce que l'article 317 du Code pénal le considère comme un crime. L'Espagne révolutionnaire prolongera avec force cette œuvre d'émancipation de la femme et du prolétariat.

Si certains socialistes ou même anarchistes s'opposent parfois vivement aux thèses néo-malthusiennes : Paul Lafargue, Elisée Reclus, Jean Grave, Pierre Kropotkine, Sébastien Faure (qui finira par se rallier), Paul Robin mènera un combat exemplaire, y compris sur la question de l'avortement liée à celles, plus larges, de la libre maternité et du féminisme. A travers le droit des femmes à disposer de leur corps, la politique de restriction des naissances prônée par le fondateur de la Ligue de la Régénération humaine, vise globalement l'amélioration des conditions de vie des classes laborieuses.

« Femmes, sœurs bien-aimées !»

Si vous jugez que votre santé, votre situation matérielle ou les circonstances ne vous permettent pas, actuellement, ou ne vous permettent plus d'avoir un enfant dans de bonnes conditions de naissance, de lui donner les soins de toute nature et l'éducation attentive dont il aurait besoin, vous avez le droit et le devoir de vous abstenir d'être mères.

Si vous avez déjà des enfants, vous pourrez mieux les nourrir et les élever qu'en ajoutant imprudemment à leur nombre.

Si vous n'en avez pas encore, choisissez sagement le temps où vous et votre conjoint, vous vous trouverez dans des conditions favorables de santé, de bien-être, de sécurité.

Cela dépend de vous, vous êtes absolument maîtresses de votre destinée. Il ne faut pas que vous ignoriez, ni vous ni vos compagnes de souffrance, que la science vous a émancipées de l'épouvantable fatalité d'être mères contre votre volonté.

Paul Robin (1896)

⋆ L'implication dans les luttes écologistes

Mais ce sont sans doute les luttes écologistes, nées dans les années 70, qui vont cristalliser les réelles préoccupations d'une partie, au moins, de la mouvance libertaire. La faiblesse relative du mouvement anarchiste ne permettra pas d'engendrer une radicalisation de l'écologisme. Cependant, la mobilisation anarchiste évitera les ambiguïtés du mouvement écologiste sur le plan philosophique, et donc aussi politique. Elle évitera, ce faisant, la domestication, la récupération de ses forces subversives.

Refusant toute sacralisation de la nature et des animaux, dénonçant l'opportunisme du marché des produits « verts » et celui des partis de la même couleur à travers le parlementarisme, les anarchistes mettront clairement en cause, non pas seulement l'anti-productivisme qui évite de parler d'anti-capitalisme, mais la dynamique d'appropriation des richesses naturelles et des richesses produites, la logique du profit, une logique qui mobilise la plus grande partie des hommes et des ressources au seul service d'une puissance économique dont ne peuvent jouir que les individus solvables. Nucléaire, marées noires, agriculture chimico-industrielle, malbouffe… les multiples terrains de luttes offriront l'occasion de démontrer la nécessité d'une alternative véritable au système actuel, d'une rupture avec la logique de mort qui compromet de plus en plus les chances des générations futures de vivre dans des conditions favorables.

Deux révolutions, sinon rien

Il n'est pas vraiment rassurant de savoir que la seule voie raisonnable soit qualifiée d'utopique. Aujourd'hui, alors que la confusion économique et l'impuissance de la classe politique à résoudre les problèmes, à surmonter les crises, plongent un nombre toujours plus grand d'hommes et de femmes dans le désarroi, la responsabilité des anarchistes est plus grande que jamais. Toujours surpris que trente ans d'une dégradation aussi visible n'engendrent pas une contestation plus radicale, une colère plus forte, ils doivent non seulement maintenir une présence constante dans les différentes luttes, mais aussi élargir le débat crucial sur la remise en question d'une civilisation fourvoyée dans une impasse, sur la redéfinition d'un comportement « socioécologique ». Et notamment repenser nos modes de vie, notre système de production et de consommation en posant des questions pertinentes : de quoi avons-nous vraiment besoin ? Quelle peut être l'utilité sociale de tel bien ? Comment s'organise-t-on pour produire, pour répartir ? Quels « dégâts collatéraux » peuvent-ils être jugés supportables ? L'achat de tel objet est-il justifié pour l'usage qui en sera fait ? N'est-il pas plus intelligent de réduire les déchets plutôt que de les gérer, surtout par l'incinération ?...

L'attitude la plus pragmatique consiste à partir de l'hypothèse la plus probable dans l'évolution de la population mondiale, c'est-à-dire environ neuf milliards autour de 2050. La question fondamentale apparaît clairement : **quelle organisation sociale permettra d'accueillir favorablement trois milliards d'individus supplémentaires, tout en réduisant notre consommation d'énergie et de matières premières ? La réponse est aussi limpide : celle qui se fixera comme objectif prioritaire la disparition du capitalisme.** Ce système a suffisamment démontré sa nocivité : alors qu'il a généré une croissance économique gigantesque au point de compromettre les grands équilibres de la planète, il condamne aujourd'hui la moitié des habitants de cette planète à vivre avec deux dollars par jour. Faudrait-il donc poursuivre dans cette voie ?

Le capitalisme est condamné à la fuite en avant :

* parce que le meilleur moyen de créer des besoins nouveaux, et donc d'éviter la saturation des marchés, c'est l'innovation technologique ;
* parce que la méthode la plus efficace pour augmenter les profits, pour bénéficier des économies d'échelle, c'est d'augmenter les volumes de production ;
* parce que la concentration capitaliste s'oppose au partage des richesses, la seule parade au mécontentement des plus démunis est la croissance économique dans la mesure où celle-ci permet de masquer l'aggravation des inégalités sociales.

Ainsi, disserter sur les mesures techniques auxquelles se trouve réduit le processus de production permet d'échapper au débat politique : quelle organisation sociale ? Quelle propriété, ou quel partage, des moyens de production ? Quel devenir pour l'Etat ?

Les implications politiques de ce constat sont considérables. Affirmer que le capitalisme est voué à une croissance continue signifie certes que ce capitalisme est un mouvement historiquement suicidaire. Mais il serait fatal de considérer qu'il suffit de le laisser se suicider, parce qu'il entraînera inexorablement l'ensemble de l'humanité dans sa chute.

Par contre, soutenir que le capitalisme ne peut échapper à la croissance implique nécessairement qu'il est rigoureusement impossible de réguler ce système. Ce qui exclut toute stratégie de réformisme : les lois de la biosphère étaient donc révolutionnaires ! ! Dieu est trop bon ! !

Mais la seule élimination du capitalisme ne saurait suffire : l'Etat, qui a toujours agi en tant que défenseur des multinationales, doit aussi disparaître. Il serait bénéfique que les écologistes comprennent qu'un Etat peut très bien mettre en place une conception centralisée de la production d'énergies « douces ». Où serait alors le progrès ?

La rareté désormais évidente des ressources naturelles montre que seule une société égalitaire peut préserver les chances des générations futures de vivre décemment. Nous n'avons plus le moindre droit au gaspillage… sur lequel se fonde précisément le capitalisme.

Les politiciens et les hommes d'affaires n'ont que le pouvoir qu'on veut bien leur accorder. Alors ne leur accordons plus rien ! Au pouvoir de l'argent, opposons leur celui du nombre et de la ténacité. Au règne de la pensée unique, opposons leur celui de l'imagination. Seule une société fédéraliste, autogestionnaire peut assurer conjointement l'égalité économique, la justice sociale et la conservation des richesses naturelles (il serait beaucoup plus facile de réaliser une adaptation précise de la production agricole aux besoins réels si cette production était essentiellement locale, les prévisions et ajustements étant discutés à tous les échelons du fédéralisme libertaire). Seule cette société peut instaurer une économie nouvelle fondée sur les besoins réels des hommes définis par eux-mêmes… et non par des guides « éclairés » qui ont intérêt à ce que ces besoins augmentent démesurément ! Mais cette société égalitaire n'assurera sa propre pérennité qu'à la condition que progresse rapidement cette prise de conscience de l'extrême fragilité de la biosphère à qui nous infligeons depuis un demi-siècle des blessures de plus en plus vives.

D'un côté, les écologistes, qui ont adopté l'économie de marché avec option régulation, ont « oublié » que l'histoire de l'humanité est celle de la lutte des classes, et qu'il ne suffira pas de développer les technologies douces, ni même de transformer profondément la politique des transports pour supprimer les rapports de domination et d'exploitation, pour instaurer l'égalité économique et la justice sociale. Oui, un autre monde est possible, mais pas dans le cadre mortifère du capitalisme !

De l'autre, certains révolutionnaires n'entrevoient que la seule lutte des classes comme moteur de l'histoire, ignorant superbement les contraintes de la biosphère dont l'homme ne pourra jamais s'affranchir. Aveuglés par l'image d'une nature docile à la volonté de maîtrise de l'homme, ils n'ont pas su ou voulu voir que le développement exponentiel de la technique augmente la vulnérabilité des sociétés humaines en même temps qu'il en intensifie la puissance.

Parce que si l'histoire de l'humanité est effectivement liée à la lutte des classes, cette histoire est aussi celle de son adaptation permanente au milieu naturel et de la transformation de celui-ci par l'activité économique. Et surtout, l'histoire ne se résume pas à celle de l'humanité, mais d'abord à celle des grands équilibres biogéochimiques qui ont précédé l'apparition de l'homme et qui, de toute évidence, lui survivront.

En d'autres termes, parce que la dépendance qui nous lie à la nature est aussi fondamentale que le « contrat social », **une vraie conscience révolutionnaire est nécessairement la convergence entre une conscience politique et une conscience écologique. Il s'agit d'accomplir une double révolution.** Ce projet ne se réalisera certes pas sans un changement profond des mentalités. « Ce n'est pas parce que les choses sont difficiles que nous n'osons pas, c'est parce que nous n'osons pas qu'elles sont difficiles », disait Sénèque, qui n'était pourtant pas adhérent à la Fédération Anarchiste !

Mais à ceux qui persistent à penser que la perspective révolutionnaire est une utopie, il faut répondre qu'il est beaucoup plus utopique, monstrueux, dangereux de croire que la civilisation occidentale fondée, entre autres, sur la propriété privée des moyens de production, va pouvoir maintenir longtemps une croissance dont la fascination tend à rendre l'aliénation de plus en plus indolore. Il serait criminel, à l'égard des générations futures, de s'égarer dans de faux combats. Notre responsabilité est proportionnelle à notre puissance. La réalité paralyse les dirigeants et leurs experts, empêtrés dans le mensonge qu'il perpétue et dont on voit mal comment ils pourraient sortir. Il faut donc agir vite parce que la durée de l'espoir d'une révolution féconde ne dépassera pas le franchissement du point de non-retour de la dégradation de la biosphère. S'il ne veut pas laisser le premier rôle aux insectes, l'homme n'a pas d'autre issue que de sortir d'une médiocrité généralisée, pas d'autre choix que celui de l'intelligence.

Faute de courage et de lucidité, la suite de l'Histoire pourrait bien se dérouler sans l'homme.

Retrouvez la Fédération Anarchiste sur le Web…

www.federation-anarchiste.org

et les sites webs de quelques groupes…

* **groupe de Rouen**
http://www.chez.com/farouen
* **Union Locale La Commune (Rennes)**
www.fa-rennes.fr.st
* **groupe de Nantes (44)**
http://www.fanantes.org/
* **groupe Marée Noire** (Nancy)
http://www.maree-noire.info/
* **groupe Acratie de Chambéry**
http://www.acratie.lautre.net/
* **groupe Gard-Vaucluse**
http://www.ouebe.net/fa/presentation.htm
* **groupe Nada de Toulon (83)**
http://www.fatoulon.lautre.net/
* **liaison Ardennes** L'en Dehors
http://www.multimania.com/endehors
* **union locale de Lyon**
http://www.chez.com/lyonanarchiste
* **liaison Corbeil-Essonnes** (91)
http://www.multimania.com/anarchismes/
* **groupe de Strasbourg**
http://www.fastrasbg.lautre.net/
* **Groupe Proudhon de Besançon**
http://www.lautodidacte.org/
* **Groupe de la Métropole Lilloise de la FA : (GROMELIFA) :**
http://lille.cybertaria.org/rubrique.php3?id_rubrique=16

BIBLIOGRAPHIE

R. BERGERON – *L'Antidéveloppement* – L'Harmattan – 1992
L.R. BROWN – *Malthus au-delà* – Economica – 2001
S. BRUNEL – *La faim dans le monde* – PUF – 1999
S. GEORGE – *Le rapport Lugano* – Fayard – 2000
N. GEORGESCU-ROEGEN – *La Décroissance* – Sang de la Terre – 1995
S. GORELICK – *Les gros raflent la mise* – Silence – 2002
M. HUSSON – *Six milliards sur la planète : sommes-nous trop ?* – Textuel – 2000
M. LAISANT – *La pilule ou la bombe* – Edit. du M.L. – 1976
S. LATOUCHE – *Faut-il refuser le développement ?* – P.U.F. – 1986
S. LATOUCHE – *La Déraison de la raison économique* – Albin Michel – 2001
Ph. LEBRETON – *L'Ex-croissance* – Denoël - 1978
F. PARTANT – *Que la crise s'aggrave* – Réédition 2002 – Parangon
F. PARTANT – *La fin du développement* – Actes Sud – 1997
R. PASSET – *L'Economique et le Vivant* – Réédition 1996 – Economica
A. PICHOT – *La société pure* – de Darwin à Hitler -
G. RIST – *Le développement. Histoire d'une croyance occidentale* – Presses de Sc Po – 1996
W. SACHS – *Des ruines du développement* – Le Serpent à Plumes - 1996
F.-X. VERSCHAVE – *France Afrique* – Survie Editions – 2002
Revue « L'Ecologiste » – *N°8* – Octobre 2002
Défaire le développement – *Refaire le monde (ouvrage collectif)* – Parangon – 2003

LES EDITEURS : Les Editions du Monde Libertaire

Pour toute commande : Editions du Monde Libertaire, 145, rue Amelot, 75011 PARIS, ou editionsml@tiscali.fr

Depuis quelques décennies maintenant, les *Editions du Monde Libertaire* brandissent haut et clair le drapeau de la révolution sociale. Chaque brochure, chaque livre, est une cartouche que la révolte peut mettre dans le fusil de l'espoir. Est-il besoin de le préciser, les *Editions du ML* ne sont financées que par les ventes, par vous… que par et pour toutes celles et tous ceux qui ont dans le coeur un autre présent et un autre futur de liberté, d'égalité, d'entraide, d'autogestion…

Les livres… (extrait du catalogue)

★ *Cédric Dupont* **Ils ont osé ! Espagne 1936-1939 : chroniques, témoignages, reportages… de l'époque** 2002, 404 pages, 15 euros (groupe Los Solidarios)

★ *Collectif* **Mujeres libres, des femmes libertaires en lutte : mémoire vive de femmes libertaires dans la Révolution Espagnole** 2000, 329 pages, 12,20 euros (groupe Las Solidarias)

★ *Benoist Rey* **Les Egorgeurs** 1999, 123 pages, 9,15 euros (groupe Los Solidarios)

★ *M. Delasalle, A. Miéville, M. Antonioli* **Anarchisme et syndicalisme ; le Congrès Anarchiste International d'Amsterdam (1907)** 1997, 231 pages, 9,15 euros (coédité avec Nautilus)

★ *Collectif* **Le hasard et la nécessité : comment je suis devenu libertaire** 1997, 96 pages, 6 euros (*)

★ *Collectif* **Bonaventure : une école libertaire** 1995, 176 pages, 9,15 euros (*)

★ *Gaetano Manfredonia* **La lutte humaine : Luigi Fabbri, le mouvement anarchiste Italien et la lutte contre le fascisme** 1994, 415 pages, 16,75 euros

★ *Sébastien Faure* **Ecrits pédagogiques** 1992, 172 pages, 12,20 euros

★ *René Berthier* **Bakounine politique** 1991, 240 pages, 15,25 euros

★ *Collectif* **Libres comme l'air : quinze nouvelles pour Radio-Libertaire** 1991, 143 pages, 12,95 euros

★ *Yves Peyraut* **Radio-Libertaire, la voix sans maître** 1991, 170 pages, 13,70 euros

★ *Collectif* **Mai 68 par eux-mêmes** 1989, 239 pages, 13,75 euros

★ *Maurice Joyeux* **Sous les plis du drapeau noir : souvenirs d'un anarchiste** 1988, 300 pages, 18,25 euros

★ *Maurice Joyeux* **L'hydre de Lerne**, 1967, 56 p., 1,5 euros

★ *Gérard Lorne* **Du rouge au noir : mémoire vive d'un porteur de valise**, 9,15 euros

★ *Patsy* **Ramadan plombé (suivi de) Un gorille, sinon rien**, 127 p., 6,85 euros

★ *Luigi Fabbri* **Dictature et révolution** 1986, 276 pages, 9,15 euros

★ *Gaston Leval* **L'Etat dans l'histoire** 299 pages, 9,15 euros

★ *Pierre-Joseph Proudhon* **De la capacité politique des classes ouvrières** 1977, 2 tomes, 9,15 euros

★ *Berneri Camillo,* **Ecrits choisis**, 18,25 euros

★ *Collectif* **Le Vaaag, (Village alternatif anticapitaliste et anti-guerres) une expérience libertaire..** 2004, (**) 141 pages, 10 euros

Les brochures…(extrait du catalogue)

★ *Groupe Louise Michel* **Zéro euro, zéro fraude : transports gratuits pour toutes et tous** 2002, 48 pages, 3 euros (*)

★ *Lukas Stella* **Abordages informatiques** 2002, 48 pages, 3 euros (*)

★ *IFA* **Pour un avenir libertaire : contributions de l'Internationale des Fédérations Anarchistes** 2002, 48 pages, 3 euros

★ *Collectif* **La résistance anarcho-syndicaliste allemande au nazisme** 2001, 64 pages, 4,5 euros (*)

★ *Collectif* **Le quartier, la commune, la ville… des espaces libertaires !** 2001, 48 pages, 3 euros (*)

★ *Jean-Pierre Tertrais* **Pour comprendre la "crise" agricole** 2001, 48 pages, 3 euros (*)

★ *Collectif* **La religion, c'est l'opium du peuple** 2000, 48 pages, 3 euros (*)
★ *JF Fueg et René Berthier* **Anticommunisme et anarchisme** 2000, 48 pages, 3 euros (*)
★ Jean-Pierre Levaray **Suzanna : Chronique d'une vie sans papiers** 2000, 48 pages, 3 euros (*)
★ *Groupe Saornil* **La construction européenne ou le nouveau visage de la barbarie capitaliste et étatiste** 1999, 48 pages, 3 euros (*)
★ *Fédération Anarchiste* **Agir au lieu d'élire : les anarchistes et les élections** 1999, 48 pages, 3 euros (*)
★ *Ecole libertaire Bonaventure* **La farine et le son** 1999, 71 pages, 4,5 euros(*)
★ *Floréal* **A la petite semaine : chroniques sans dieu ni maître** 1997, 48 pages, 3 euros (*)
★ *Patsy* **No pasaran** ! 1996, 80 pages, 3 euros (*)
★ *Collectif* **Réflexions et propositions anarchistes sur le travail** 1995, 64 pages, 3 euros
★ *Groupe de Nantes de la Fédération Anarchiste,* **Ras la coupe**, 3 euros
★ *Pelletier Philippe,* **Super-Yalta : esquisse géopolitique de la situation mondiale** en 1991, 3 euros
★ *Raynaud Jean-Marc,* **Unité pour un mouvement libertaire**, 3 euros
★ *Réflexions croisées sur* **Le travail**., 2003 80 pages, 5 euros (*).
★ *Union locale La Commune,* **Le contrôle social en société dite démocratique** , 2003, 64 pages, 5 euros

Brochures « Notre Histoire »

★ *Le Monde Libertaire* **Histoire(s) de l'anarchisme, des anarchistes et de leurs foutues idées au fil de 150 du Libertaire et du Monde Libertaire vol.1 à 10**, 52 pages, 3 euros la brochure (*) : des origines à 1914 (vol. 2) ; de 1914 aux années 30 (vol. 3 &4); les mouvements libertaires français, bulgare et juif (vol. 5) ; Espagne, la révolution sociale contre le fascisme (vol. 6), de 1939 à 1945, la résistance anti-fasciste aux luttes anticoloniales (vol.7), de 1945 à 1968, avec un A comme dans Culture(vol.8), de 1968 à 1975, lendemain de "grand soir" (vol.9), de 1981 à 1990, les années Mitterac-Chiran (vol.10)
★ *URRAFA* **L'anarchisme aujourd'hui**, 4ème éd 2000 48 pages, 3 euros (*)

Brochures « Graines d'ananar »

★ *Philippe Blandin* **Eugène Dieudonné** 2001, 64 pages, 4,5 euros (*)
★ *Ronald Creagh et Frank Thiriot* **Sacco et Vanzetti** 2001, 48 pages, 3 euros (*)
★ *Jacinthe Rausa* **Sara Berenguer** 2000, 3 euros (*)
★ *Pépita Carmena* **Mémoires** 2000, 72 pages, 4,5 euros (*)
★ *Claire Auzias* **Louise Michel** 1999, 56 pages, 3 euros (*)
★ *Raymond Vidal-Pradines* **Benoist Rey** 1999, 40 pages, 3 euros (*)
★ *Daniel Vidal* Paul Roussenq, **le bagnard de Saint-Gilles** 1998, 39 pages, 3 euros (*)
★ *Amédée Dunois et René Berthier* **Michel Bakounine** 1998, 55 pages, 3 euros(*)

Vidéo

★ **Des alternatives sociales en actes, Spezzano albanese** suivi **de Tivaouane**, 2003, 80 minutes 12,20 Euros

Bandes Dessinées

★ *Hombourger François,* **Makhno, la révolution libertaire en Ukraine,** 2003, 71 pages : 1ère partie (1918-1919), 10 euros
★ *Hombourger François,* **Makhno, la révolution libertaire en Ukraine**, 2003,71 pages : 2ème partie (1920-1934), 10 euros
★ *Santin Fabio, Elis Fraccaro,* **Malatesta,** 2003, 112 pages, 15 euros

Achevé d'imprimer en Mars 2004, Imprimerie Le Gaillard, Cesson-Sévigné

---

* en coédition avec les éditions Alternatives Libertaires
** en coédition avec les éditions de No Pasaran